JN209876

部下がみるみる成果をつくりだす
一流を育てる方程式

尾花髙夫
TAKAO OBANA

ACHIEVEMENT

はじめに――素質が二流でも、一流になれる

どうすれば選手たちが伸びていくのか？

どうすれば選手たちが力を発揮するのか？

これは、野球に限らずあらゆるスポーツの指導者が抱える共通の課題です。若手が育てば、チームも強くなっていきます。

選手とチーム。この関係は、社員と会社に置き換えても同じことでしょう。

人材育成は、どの組織にとっても重要なテーマです。


わたしはこれまで、ヤクルトスワローズの投手として14年間の現役生活を送ったあと、コーチ・監督として22年間にわたりプロ野球界に身を置いてきました。

コーチとしては、ヤクルトスワローズ、ダイエー・ソフトバンクホークス、巨人で

リーグ優勝・リーグ1位を7回、そして日本一を4回経験しています。
この間、数多くの若手投手の育成にかかわってきました。

プロ野球界には、毎年多くの若者が入ってきます。それも素質のある選手たちばかりです。

その中でも、抜きん出て素質が高いのがドラフト1位の選手たちです。各球団に入ってくるのは年にたった1人。全球団で年間12人しかいません。素質は超一流です。大リーガーの大谷翔平（おおたにしょうへい）選手や巨人の菅野智之（すがのともゆき）投手のように、超一流の素質をそのままプロの世界で開花させる選手がいます。

一方で、ドラフト1位で入団しても、プロの世界で芽が出ない選手も少なくありません。むしろそのほうが多いかもしれません。

そうかと思えば、ドラフト4位、5位、あるいは育成出身からはい上がって一軍で活躍する選手も珍しくありません。2018年の日本シリーズでMVPに輝いた甲斐キャノンことソフトバンクホークスの甲斐拓也（かいたくや）捕手は、育成出身です。千賀滉大（せんがこうだい）投手も育成出身です。

あのイチローさんがドラフト4位だったのは有名な話です。

かくいうわたしも、1977年にドラフト4位でヤクルトへ入団しました。ヤクルトはわたしをほんとうは6位で指名する予定だったそうです。ところが、阪急ブレーブス（現オリックス・バッファローズ）と阪神タイガースが5位で指名するかもしれないという情報がヤクルトに入ったので、当時の広岡達朗（ひろおかたつろう）監督にスカウトが「4位で指名してくれませんか？」とお願いしたようです。それでわたしは4位で指名してもらえました。しかしわたしはほんとうは6位の選手です。

わたしは150キロの剛速球を投げられたわけではありません。140キロそこそこでした。それでもプロ生活14年間で二ケタ勝利が6回、通算では112勝を挙げることができました。

決して一流の素質があったわけではないわたしでも、通算100勝を達成できたのです。わたしができたのだから、プロに入れる素質がある投手ならば、だれでも100勝できると思います。

それでは、どうすれば選手として成長できるのか。

「考え方」と「行動」

この2つを変えることです。素質は変えられませんが、考え方と行動はすぐに変えられます。

考え方と行動を変えるだけで、パフォーマンスが大きく伸びていくのです。

目次

第2章　二軍コーチだからできた選手育成
──「質問力」で若手の可能性を引き出す

第3章 一流を育てる方程式
――素質×考え方×行動=仕事の質

第4章 伸びる選手・伸びない選手 ——選択理論的アプローチによる育成

第5章　選手との信頼関係を構築する
――データに裏づけられたアドバイスを送る

今こそ、指導法を転換すべきとき

スポーツ界では昨今、パワーハラスメント（パワハラ）問題があとを絶ちません。

学生スポーツの指導者や先輩による暴力がニュースになることもあります。

スポーツ界に限らず、企業でもパワハラは大きな問題になっています。

いつまでこんなことを続けているのでしょうか？


今こそ、指導法を転換すべきときなのです。


わたしはこれまで数々の超一流の方々と接してきました。

自分自身もプロ野球界でいろいろなことを体験しました。

痛感しているのは、これまでのようないわゆる体育会的な指導法を改めるべきだということ。

力ずくで選手や部下に言うことを聞かせる時代は、終わりにしましょう。

わたしは、巨人の二軍コーチを3年間務めました。そのとき、強制や命令などをしなくても選手たちは育つことがわかりました。

いやむしろ、自発的な行動を引き出したほうが、選手たちは能力を大きく伸ばしていけるのです。

それでは、一流の素質がない選手たちを、一流に育てるにはどうすればいいのでしょうか？

これまでわたしが考え、実践してきたことを本書にまとめました。

スポーツ界にとどまらず、いろいろな場面での人材育成の参考にしていただければ、望外の喜びです。

第1章

「選択理論」との出会い

——横浜の監督を辞めて得た考え方

広岡GMが常に意識していた「選手のためになるのか?」

わたしがはじめてプロ野球のコーチに就任したのは、千葉ロッテマリーンズでした。1995年のことです。広岡達朗ゼネラルマネジャー（GM）に声をかけてもらったのがきっかけでした。

広岡さんは、わたしが1978年にヤクルトスワローズに入団したときの監督です。当時弱小球団といわれていたヤクルトでしたが、わたしが入団したその年は優勝しました。広岡さんはその後、西武ライオンズも優勝に導いたことで知られています。とても優秀な指導者でした。

わたしが1991年に現役を引退したあと、プロ野球解説者を務めているあいだも、広岡さんの考えをよく聞きに行ったものです。

選手としてのはじめ。コーチとしてのはじめ。どちらも広岡さんから学びました。

広岡さんは、最初にコーチ陣を集めたときに次のようなことを話しました。

「選手に好かれたいと思うんだったら、ユニフォームを脱いでくれ。当たり前のことをやっていれば嫌われるのが、我われの仕事だよ」

広岡さんのスタイルは管理野球と呼ばれています。マスコミから冷たいのなんのといわれることもありました。しかし、わたしが相談に行くと、いつも言っていました。

「これは選手にとって一番いいことなのか？」

「それは選手のためになるのか？」

広岡さんは、常に選手のことを考える人でした。この「選手のためになることを考える」というのがわたしの指導者としての原点になったのです。


シーズンに入ると、試合後広岡さんにGM室へ呼ばれ、守備コーチの江藤省三（えとうしょうぞう）さんとわたしとの3人でミーティングをしました。それも毎試合です。

「おい、尾花、6回の○○投手は限界に来ていたんじゃないか？」

え？

「崩れる兆候が出ていただろう」

どこだろう……？

「お前、毎日見ていてわからないのか？　こいつが崩れる兆候はこういうところに出るだろ」

そんなん見てたんや……。

「お前、あのときなんて監督に進言したんだ？」

「あそこは監督だって迷うところだろ。お前がそこで進言すると、決断できるんだ」

広岡さんの観察眼と指摘はすばらしいもので、ミーティングでは、毎日このような会話を繰り返していました。広岡さんからは多くを学ばせてもらったと思っています。

ちなみに当時のロッテは広岡さんがＧＭで、監督はボビー・バレンタインさんでした。

ロッテを辞めたのちは、野村克也監督のヤクルト、王貞治監督のホークス、原辰徳監督の巨人で一軍投手コーチを務めました。この3人も、球界を代表する監督です。

こうしたコーチ経験を経たことが評価され、２０１０年に横浜ベイスターズの監督に就任しました。

志半ばで解任された横浜監督

ベイスターズは、わたしが監督に就任する前年まで2年連続最下位。戦力が足りない面がありましたが、選手たちの意識改革も必要でした。

選手たちの意識を変えるには、時間がかかります。Bクラス体質が染みつくと、現状に満足してしまうからです。チームが勝てないと、選手たちが考えるのは自分の成績のことばかり。そうした選手たちの意識をチームの勝ちに向かわせるのは簡単ではありません。

チーム全体を変えるために必要なのは、エースと4番の意識を変えること。エースの三浦大輔（みうらだいすけ）投手はしっかりした考えの持ち主でしたが、年齢とともにパフォーマンスが落ちてきていました。

4番は村田修一（むらたしゅういち）選手。村田選手はチームの顔でしたが、試合中に全力疾走しないことがありました。わたしは、村田選手に全力疾走するように話しました。

「僕が全力疾走したらチームが変わるんですか？」と村田選手。

「変わる」とわたし。

すると、2年目から全試合全力疾走してくれるようになりました。4番が全力疾走すれば、当然、ほかの選手も全力疾走します。4番が変わると、チームが変わるのです。夏前から少しずつ選手の意識が変わってきていたのです。ところが……。

わたしは3年契約でした。よし、いい具合に変わってきたぞ。来年こそは。そう思っていましたが、残念ながら道半ばの2年で解任されてしまいました。

あと1年あったなら、と思わずにはいられません。

「選択理論」との衝撃の出会い

もっと学びたい。

もっと成長したい。

わたしは、現役時代からずっとそう思いつづけてきました。ベイスターズの監督のとき、自分の思うようにチームは強くなりませんでした。何が問題だったのか。わたしは、もう一度学びなおしたいと考えたのです。

人を育てるにはどうすればいいのか。

チームの目標を達成するにはどうすればいいのか。

わたしは、野球界という枠の中からだけでなく、外の世界からも学びたいと考えていました。

学ぶチャンスを探っていましたが、セミナーは宗教がかったものから質の高いものまで玉石混交。そんなとき、北海道日本ハムファイターズの元コーチである白井一幸（しらいかずゆき）さんが「選択理論（せんたくりろん）」というものを学んでいることを知りました。白井さんが学んでいるなら間違いない。そう思ってわたしも学ぶことにしたのです。

これが選択理論との出会いでした。


選択理論を学んで、わたしは衝撃を受けました。こんな心理学があるのかと。

選択理論、という言葉をはじめて聞いた方も多いのではないでしょうか。選択理論とは、ひと言でいうと「人の行動は外部の刺激による反応ではなく、自らの選択によるものである」という考えです。

今まで主流だった考え方は、人の行動は外部の刺激（Stimulus）に対する反応（Response）だというものでした。ＳＲ理論と呼ばれています。外的コントロールと呼ばれることもあります。

ＳＲ理論は、強制・命令・一方的な指示・批判・責め・脅し・罰などによって、相手を動かそうとするものです。

これに対して、人の行動は外部の刺激による反応ではなく、自らの選択によるものであるというのが選択理論です。外的コントロールを使わずに、相手の自発性を引き出すという考え方です。従来のＳＲ理論では、自発的な行動を奪ってしまうというのです。

わたしはそれまで、外的コントロールになんとなく違和感がありました。しかし、それまでの経験の中でそれが当たり前だと思いこんでいたのです。

ところが、そうではないかかわり方があるというではありませんか。

外的コントロールなしに選手の能力を最大限に引き出せるならば、こんなにいいことはありません。

世の中は外的コントロールの嵐

まわりを見渡してみてください。外的コントロールがあふれていませんか?
上司と部下もそう、夫婦もそう、親子もそう、友達もそう。
自分の価値観や正しさを押しつけて、相手を動かそうとしていませんか?
世の中は外的コントロールの嵐です。

とりわけスポーツ界は、外的コントロールを強く働かせがち。指導者のパワハラや暴力があとを絶ちません。最近ではメディアにも取り上げられ、知られるようになってきました。

スポーツ界では、指導の95%くらいは外的コントロールが占めているのではないでしょうか。

わたしはPL学園の野球部出身です。あのころのPL学園の野球部は、3年生は天皇、2年生は平民、1年生は奴隷といわれるくらい上下関係の厳しい世界でした。超外的コントロールです。正直にいって暴力もありました。さすがに暴力ばかりは、今では許されないでしょう。

そんな外的コントロールに満ちた高校生活でしたが、わたし自身は先輩になっても殴ったり蹴ったりという暴力的なことはしませんでした。きつい言葉を投げかけたことはあったと思いますが、当時から暴力にはなんのメリットもないと思っていたからです。強制するような指導、押しつけるような指導、やらせる指導でいいのだろうか？

わたしはずっとこうした違和感を覚えていました。

できれば、そういうのがないほうがいいだろうな、と思いつづけていたのです。だからといって、どういうやり方があるのかはわかりませんでした。選択理論を学んで、はじめて自分が目指すべき指導方法が見えてきたのです。

外的コントロールをやめるには、学ぶしかない

かくいうわたしも、選択理論を学ぶ前の2011年までは外的コントロールに頼

っていました。暴力こそ振るいませんでしたが、選手たちには威圧的な態度で「やれ！」と一方的に命令していたものです。

わたし自身が選手時代に外的コントロールを受けてきたことが原因です。そもそも、外的コントロール以外の選手へのアプローチ方法を知らなかったのです。

外的コントロールに基づくマネジメントを選択理論ではボスマネジメントとよびます。これは外的な刺激や威圧によって人を動かそうとするものです。わたしはこれをしていました。

ところが選択理論を学んで、選手とのかかわり方が変わりました。自分の考えを押しつけるのではなく、相手の考えを引き出すようになったのです。

選択理論に基づくマネジメントをリードマネジメントといいます。自分の望みをかなえようとするボスマネジメントとは正反対の、相手の望みをかなえるためのマネジメント法です。

リードマネジメントをするとなると、相手の思考の枠組みを外すようなかかわりをしていかなければなりません。

「なんでやらないの？」

「何が問題？」

「ブレーキになっているのは何？」

といったことを問いかけながら、相手の考えを引き出すわけです。難しく感じると思います。それもそのはず、これはいきなり自己流ではできません。学んではじめてできるようになるのです。

自分の価値観や考えを押しつけるのが外的コントロールですから、一度、自分の正しさを手放さなければなりません。そのうえで、相手の話を聞かなければなりません。

これは、学ばないとわかりません。選択理論は、学べば学ぶほど深いのです。選択理論という考え方を知らないときに外的コントロールを使っていたのは仕方ありません。しかし、知ったならば、今ここで行動を変えてほしいのです。

わかってやってしまうのは虐待と同じ!?

選択理論を知らない人は、外的コントロールに頼らざるをえません。それ以外の方法を知らないからです。自分自身が長年にわたって外的コントロールを受けてきただけでなく、外的コントロールによる指導の成功体験もあるでしょう。

選択理論を知らない人が外的コントロールを使うのは、仕方のない面もあるのです。知らないことは行動に移せません。選択理論的なアプローチを知らない以上、知っている外的コントロールについ頼ってしまうこともあるでしょう。

一方で、選択理論を知っているのに外的コントロールを使うというのは、親が子どもを虐待するようなものです。虐待はいけないとわかっていて、やっているわけですから。

強制や命令で人は変わらないとわかれば、外的コントロールを使って指導するという考え自体がなくなります。

指導法を変えるために、まずは選択理論という存在を多くの人に知ってほしいと思っています。

「人間関係を破壊する7つの習慣」をやめる

わたしが選択理論を学んで、最初に実践したのが「人間関係を破壊する7つの習慣」をやめることでした。

「人間関係を破壊する7つの習慣」とはこの7つです。

- **批判する**
- **責める**
- **文句を言う**
- **ガミガミ言う**
- **脅す**
- **罰する**
- **自分の思い通りにしようとして褒美で釣る**

これらを使わないと決めました。それだけでも、人とのかかわり方が激変します。最初のころはついやってしまうこともありましたが、それでも意識していると少しずつ減っていきます。

選択理論を学んで訓練していると、相手の願望や言葉に対して、一喜一憂しない、怒らないというのができるようになります。かつてなら「この野郎！」と頭に来ていたことでも、「ああ、そういう考えもあるよね」と冷静に受け止められるようになるのです。

そのうえで「人間関係を構築する7つの習慣」を心がけるようにしました。

- **傾聴する**
- **支援する**
- **励ます**
- **尊敬する**
- **信頼する**
- **受容する**
- **意見の違いについて常に交渉する**

この7つです。

先ほどの「人間関係を破壊する7つの習慣」と正反対です。

いきなり人間関係を構築する習慣を実践するのは簡単ではありません。まず人間関係を破壊する習慣をやめる、というほうが始めやすい。だからわたしは、外的コントロールをやめることを意識しました。

「どうしたんですか？　尾花さん」

選択理論を学んだあと、かつてのわたしを知る選手からそう言われたことがあります。わたしは声が大きいので、威圧するつもりがなくても、相手には威圧感を与えていたかもしれません。そんなわたしを知っていた相手の選手はわたしのかかわり方が変わったのに気づき、驚いたのでしょう。

結婚29年目にして始めたゴミ出し

わたしは家庭での行動も変えました。

まずゴミ出しをするようになりました。それまで結婚して29年間、ゴミ出しをしたことは一度もありませんでした。「え？　おれがゴミ出しするの？　近所の人が見たら、奥さんがやらせていると思うんじゃないの。いいの？」なんてスタンスでした。

わたしの家のゴミは勝手口に置いてあります。わたしが住む地域はカラスが多いので、カラスに荒らされないようにポリバケツに入れて、50メートルくらい離れた所定の場所に置かなければなりません。

自分でゴミ出しして、はじめてわかりました。これが重い！　45リットルのポリバケツにいっぱいだと、重さは4キロ以上。以前、妻がクルマでゴミを持っていくのを見て、「なんて横着なんだ」と思いましたが、実際にやってみて、その気持ちが痛いほどわかりました。

わたしは今でもゴミ出しをします。何曜日がどのゴミの日かも把握しています。

わたしは元々、汚れた食器がたまっていたり、洗濯物がたまっていたりするのが嫌いな性分。洗い物や洗濯物がたまっていたら、「やってあげている感」を出しながら片づけていました。妻に「やらないの？」と聞くと、「あとでやるつもり」と言われるのがおち。自分が快適に過ごすためにやっていたのです。今は自分ごととして自然にできていると自分では思っています。妻がどう思っているかはわかりませんが。

わたしはゴミを出すところから変えましたが、今や洗濯も料理も洗い物もします。なんでもやります。

思考の柔軟性があるのは若い人。年をとると人は変われない。そう思っている人が多いと思います。

いくつになっても人は変われます。わたしが変われたのですから。

かつてのわたしは、どちらかというと亭主関白的な考えでした。今思えば「日本男児たるもの、亭主関白であるべき」という自分の一方的な思いこみによる自己満足の世界。選択理論を学んでからは、そう考えていた自分が恥ずかしくなりました。

肩書きで生きることの危うさ

会社では、社長や専務といった地位が高い人は、社内でまわりから持ち上げられていることでしょう。社内だけでなく、取引先からもヨイショされているかもしれません。

家に帰っても、仕事中と同じように社長や専務を気取っていませんか？　肩書きで生きている人は、家に帰っても肩書きで生きている人が多いのではないでしょうか。もちろんそうでない人もいるとは思いますが、まわりには偉ぶっていると映っているかもしれません。

高い地位を得たのは、本人の努力と能力があったからでしょう。それはだれも否定しません。家族が暮らせているのは、あなたのおかげに違いありません。しかし、パートナーや子どもはあなたを肩書きで見てはいません。

肩書きがすべてとれたとき、まわりとどのようにかかわれるのか。

これが大事なのではないでしょうか。肩書きがとれても社長然としていたら、どうなるでしょうか。子どもが大きくなって手が離れたとたん、パートナーから「別れよっか」と言われてしまっても不思議はありません。近年増えている熟年離婚です。夫婦ふたりきりになって一緒にいる時間が長くなればなるほど、妻のほうが夫に嫌気が差すようです。

わたしも選択理論と出会っていなかったら、妻からとっくに「はい、サヨウナラ」と言われていたかもしれません。

選択理論と出会えたおかげで、今でも仲良く暮らしています。

目的と目標は違う

選択理論を学んだことで、もう1つ、わたしにとって大きな収穫がありました。

それは「目的」と「目標」の違いを知ったことです。

それまでわたしは目的と目標を明確に使いわけてはいませんでした。この2種類の言葉を同じように使っていたのです。しかし、そうではないことを学びました。


目的とは、自分の価値観や信条、理念といったもの。

目標とは、目的を達成するために、いつまでに何をやるかを決めたものです。


野球選手なら、目的は「どんな野球選手になりたいのか?」ということ。その目的を達成するために設定するのが目標です。目標を設定して、計画を立てて、日々実践していくわけです。

わたしは目的と目標の言葉の定義を知りませんでしたが、なんとなく目的を掲げて、目標を設定していました。しかし、選択理論を学んで、改めて目的と目標を意識するようになったのです。

プロ野球選手は、常に目標を立てます。しかし、目的が明確な選手はほとんどいません。プロ野球選手の目的である「どんな選手になりたいのか？」によって、練習メニューが異なります。目的がなければ、一貫性がないので目標がぐらついてしまいます。あっち行き、こっち行きしてしまうわけです。

そうしたときに目的に立ち返れば、目標がぐらつくことはありません。

この概念を表したものがアチーブメントピラミッドです（図1）。土台には人生理念、あらゆる判断・選択の元となるその人の価値観、

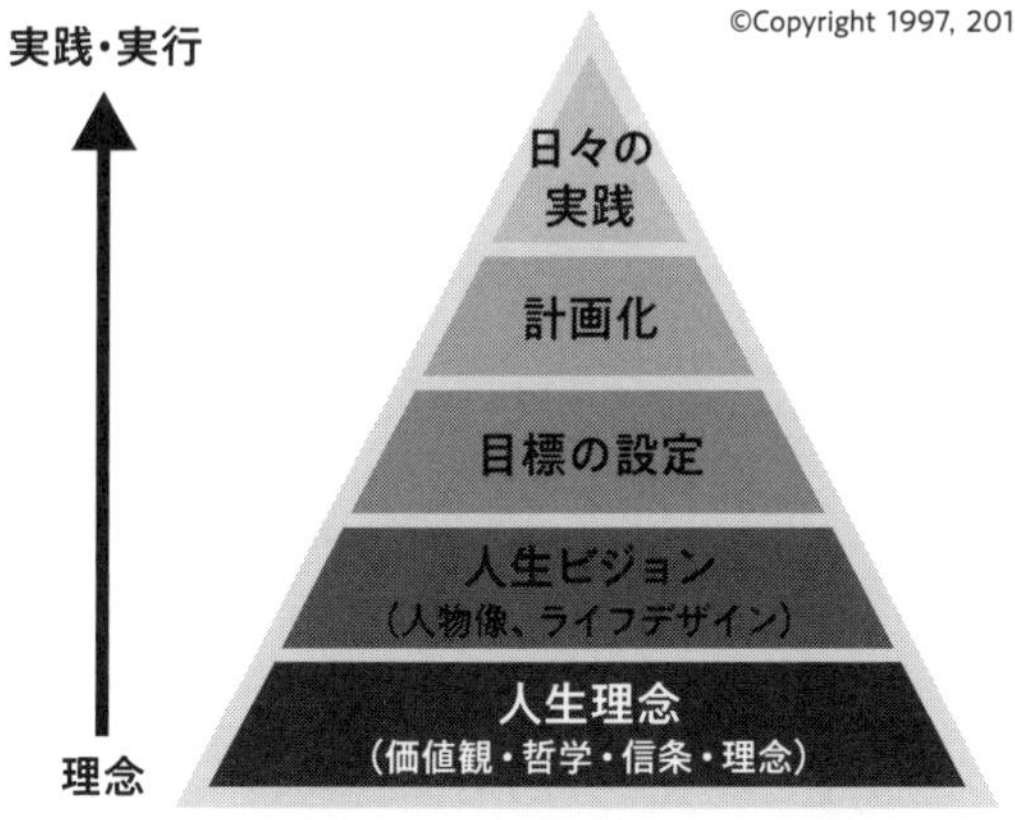

図1　アチーブメントピラミッド

信条、哲学があります。この上に人生ビジョン（将来のあるべき姿）を描いて、それを実現する具体的な目標を設定し、長期・中期・短期の計画を立てて実行します。こうすれば、毎日の練習が「自分のなりたいプロ野球選手像」に近づいていきます。

日本一になると決めているチームしか、日本一になれない

目的が大切なのは、選手個人だけではありません。チームにも目的があります。それではプロ野球チームの目的とは何か。それは、日本一になることです。これはだれでもわかることです。

今はプロ野球12球団の戦力差はそれほど大きくありません。自由獲得枠やドラフトの逆指名もなく、どのチームにも大差なく有望な若手が入ってくるからです。どのチームも日本一になる可能性があるのです。

それでは、優勝するチームと、そうでないチームの差は何か。ずばり、選手全員が目的を共有しているかどうかです。

日本一を目指しているレベルとAクラス入りを目指しているレベル、この2つはまるで違います。

優勝するのは、みんなが「優勝する」と思っているチーム。「優勝したいけど、このチームで優勝できるのかな……」と思っているチームは優勝しません。

優勝したチームは来年も優勝したいと考えるから、みんな優勝のためにどうするかを考えます。そのために自分はどう働けばいいかを考えるのです。強いチームは、選手全員の思考が日本一へと向かっているのです。

代表例が、近年の福岡ソフトバンクホークスです。

ホークスが2014年からの5年間で日本一になったのは4度。2018年はシーズン順位が2位でしたが、クライマックスシリーズを勝ち抜いて日本一に輝きました。ホークスの選手たちは、当然のように日本一という目的を共有して、一致団結しているはずです。だから結果的に日本一になるのです。

一方で、弱いチームほど日本一という目的が定まっていません。すべてのチームが日本一を目指しているかというと、そうとは限らないのです。たとえ表向きは優勝を目指していることになっていても、弱いチームでは「どうせこのチームじゃ勝てないから」と選手たちがあきらめモード。そうなると、選手たちは自分の成績のこと、自分の給料のことばかり考えてしまいます。選手一人ひとりの思いにずれがあると、ズルズルと負けてしまうチームになってしまいます。目的の差。これが強いチームと弱いチームを分けるのです。

日本一への思いの強さ。これが順位になって表れるのだとわたしは思います。

日本一になると決めているチームしか、日本一にはなれないのです。

ただ、戦力がまだ整っていない発展途上のチームがあるのも事実。その場合、日本一を掲げたところですぐに実現するのは難しい。まずはAクラス入りを目標にして、3年計画で日本一を目指すという戦略もありえます。この場合も、選手全員が目的を共有しなければ、3年後の日本一は達成できません。

「全国制覇」

わたしがPL学園に入ったとき、寮の壁に貼られていた言葉です。わたしは「甲子園出場じゃないんだ。優勝なんだ。すごいな」と思いました。

PL学園は、甲子園で7回（春3回、夏4回）優勝しています。準優勝も4回していますす。甲子園出場が目標では優勝できない。優勝すると決めなければ、優勝できないのです。

チーム全体の目的を明確にしなければ、選手が個々の目標の達成に走ってしまいます。自分さえよければいいという選手が出てきます。すると、チームのまとまりが生まれません。それがチームが勝てない原因になってしまうことがあるのです。

コラム

投手陣の一体感を高めた藤井将雄投手の人柄

「尾花さん、このチーム、ほんとうに優勝できますか？」

ホークスのコーチ時代、藤井将雄（ふじいまさお）投手が聞いてきました。当時、ホークスは20

年以上リーグ優勝していないチーム。「優勝する」と宣言したわたしに、選手たちは半信半疑だったようです。そんな中で、藤井投手だけが直接尋ねてきました。

「できる」

わたしは断言しました。

「その代わり、やることとやらないとダメだよ。どうだ？　優勝したいか？」

「優勝したいです！」

「そうか。じゃお前な、工藤と若い選手のパイプ役になれ」

ホークス投手陣では、西武ライオンズから移籍してきた工藤公康投手が飛びぬけて力のある存在でした。当時の西武は常勝球団。しかも工藤投手は超一流ですから、放っておいても自分で調整できます。しかし、ほかは若い投手ばかり。工藤投手と若い投手たちの橋渡し役が必要だと思い、藤井投手を指名したのです。

藤井投手は、キャラ的に先輩の工藤投手に意見しても許されるタイプ。後輩たちにもビシッと言える頼もしい選手でした。橋渡し役として適任だったのです。

工藤投手が練習でピリッとしていないときのこと。わたしが「藤井！　今の工藤のプレーはいいのか?」と声をかけると、藤井投手が「工藤さん、ちゃんとやってくださいよ。見本になんないじゃないですか〜」。藤井投手に言われたら、工藤投手もムッとしません。いますよね? 「こいつに言われても腹が立たない」という人が。藤井投手はまさにそういうキャラでした。藤井投手が「工藤さん、もう1回やってくださいよ、見本になるように」と言うと、工藤投手が「わかったよ〜」と返して、場が和むわけです。

逆に、若い選手たちがピリッとしなければ、「工藤さんがちゃんとやっているんだから、お前らもちゃんとやれよ!」とビシッと言ってくれました。

だからこそ、藤井投手がミスすると大変。工藤投手からも、若い選手からも「藤井さーん!」と一斉に突っこみが入るわけです。すると、藤井投手は手本になろうと、一生懸命やる。当時のホークスにはいい空気ができていました。

投手陣の実力差が明らかな中、若い投手たちは、工藤投手になかなか話しかけられませんでした。とはいえ、工藤投手はチームのエース。学べることはたくさんあります。

そんな工藤投手と若手の間を、藤井投手が上手につないでくれたのです。藤井投手のキャラクターが触媒となって、投手陣の一体感が生まれていきました。

中継ぎだった藤井投手が打たれたとき、わたしがマウンドに行って「藤井、お前ここまではがんばらないかんとこやろ」と発破をかければ、「すみませ〜ん」と憎めない反応。

ミーティングでも、「昨日は藤井が本来は抑えなければいけないところを、後ろのやつに負担をかけて申し訳なかったな、な、藤井」と言えば、

「すみませ〜ん」

「今日はがんばってくれるよな」

「今日はやります!」

「昨日は負担のかかった篠原を休ませてくれな」

「は、わかりました。僕が今日は最後まで行きます!」

こんなやりとりに、まわりは思わず笑顔です。

藤井選手はこうしたつなぎ役が適役でした。一方で、指名されることが、かえって重荷になる選手もいます。そこは難しいところ。選手の持ち味を見極めなけ

ればなりません。

ちなみに藤井投手は人柄がよかっただけではありません。中継ぎのエースとしても大活躍しました。1999年は26ホールドで最多ホールド投手になりました。1999年にホークスは26年ぶりにリーグ優勝して日本一にも輝きましたが、藤井投手という存在なしには達成できなかったでしょう。

トップが発信しつづける

どんなに優秀な選手がたくさんいても、思いがバラバラでは優勝できません。逆に、選手にはあまり力がなくても、全員が同じ目的に向かって一致団結すると、強豪チームを食ってしまうことがあります。

目的は、掲げるだけではダメ。全員が思わなければ、思いは強くなりません。1人や2人が思っているだけでは、チームの目的は達成できないのです。

プロ野球選手たちは、子どものころはエースで4番だった人ばかりです。打っても投げてもチームで一番だった選手たちですから、ひとクセもふたクセもあります。

そうした選手たち全員が目的を共有するにはどうすればいいのでしょうか。

トップが言いつづけること。これしかありません。

「また言ってるよ」とまわりから煙たがられても、言いつづけなければ浸透しません。「言わなくてもわかっているだろう」ではダメ。わかっていても、なお確認です。

トップが発信しつづけることによって、チームの一体感が生まれます。チームが一致団結します。

一軍だけでなく二軍の選手も含めて全員が日本一を目的にしなければ、日本一にはなれません。

これはスポーツに限りません。会社でも、毎週月曜日には全体朝礼をおこない、トップが企業理念を発信しているケースがあるでしょう。トップは発信しつづけなければなりません。

チームはいつも好調とは限りません。連勝もあれば、連敗もあります。万が一、チームが傾きかけたとき、トップの思いの強さが伝わっていれば、立て直せます。

そのチーム・組織は何を目的にしているのか？

その目的をどうやって共有するのか？

トップの発信力が大きなカギを握っているのです。

チームの目的実現に向けて、練習メニューを組む

プロ野球のコーチ陣が固まるのは、シーズン後の秋。秋季練習である程度のチーム状況を把握して、2月からのキャンプでどんな練習をするか考えていきます。

コーチとしては、監督の考えを理解しながら、日本一になるためには何が必要かを選手たちに伝えていきます。

前年度の課題を洗い出して、その克服のためにはどういうことをしないといけないか、ミーティングしたうえで、それに向かって練習メニューを組みます。

ここで大切なのは、なんのためにその練習をやっているか選手に説明すること。課

題を意識して練習するのと、そうでないのとでは成果が大きく違います。

1か月間の春季キャンプに向けて、全日程のスケジュールを組み立てます。投手と野手で練習メニューをすり合わせないといけないからです。チームプレーはいつやるのか、紅白戦はいつやるのかといったものです。この日は一・三塁のランナープレーをやろう、この日はランナー一塁を想定したバントシフトの練習をしようといった具合です。そこにどの投手を出すかも考えなければいけません。

なおかつキャンプ中は、毎日監督とコーチらが集まってスタッフミーティングを開きます。しかも、朝と夜の2回。

朝は、今日はどういうメニューを組んでいるか、どういうことをやらせるかの確認。投手コーチなら「投手はこういう練習メニューです、これを意識させます」と伝えます。雨が降れば練習内容を変えなければなりません。

投手コーチなら、シーズンに入る前に先発ローテーションを決めないといけません。

開幕から逆算して、オープン戦のローテーションを変更していきます。

とはいえ、けが人が出たり、調整が遅れている選手が出たりしたら、ローテーションを変えなければなりません。これがものすごく難しい。

こうした準備を重ねて、シーズンに入るわけです。

ティーチングとコーチングは違う

今、プロ野球界にはコーチが何人いるでしょうか。12球団にそれぞれ20人くらいいるとして、総計250人ほどでしょう。

この約250人のうち、ティーチングとコーチングの違いを問われて、説明できる人が何人いるでしょうか。

ひと言で表すと、ティーチングは教えこむこと、コーチングは引き出すことです。

コーチングとは「その人の目標達成に向けて、自発的な行動を促進させるためのコミュニケーション」の総称です。

コミュニケーションをとりながら、相手のやる気・能力・可能性を引き出すのがコーチング。それを理解したら、選手とのかかわり方が大きく変わるはずです。

今の野球界のコーチの多くがおこなっているのは、ティーチングです。ティーチングだけでは、選手の成長が頭打ちになってしまいます。ティーチングでは、教える側の力量以上のことまで教えられないからです。教える側の力量がマックスになったら、そこで終わってしまいます。

一方で、選手の力を引き出すのがうまい人は、自分自身の能力以上の答えを相手から引き出します。相手の可能性を最大限に引き出すのです。

たとえば、現役時代が500安打のコーチは、自分の技術を教えることでは2000本安打の選手を育てられません。すべて伝えて500安打です。しかし、相手の可能性を引き出すのであれば、2000本を打つ打者を育てられます。

名コーチといわれる人たちは、必ずしも現役時代は一流選手ではありません。野球に限らず、選手時代は特別な成績を残していなくても、監督やコーチとしてすぐれた実績がある人たちがいます。なぜでしょうか。

そうした名コーチと呼ばれる人たちは、意識しなくてもティーチングではなくコーチングをしているのです。自分の技術を教えるのではなく、選手の可能性を引き出しているのです。

選手の能力は一人ひとり違います。超一流の打者は、独特の打ち方をします。王貞治の一本足打法、イチローの若いころの振り子打法、落合博満（おちあいひろみつ）の神主打法といったように。もし、一本足打法がだれにとってもすぐれているなら、みんながやります。しかし、そうではありません。

投手でも、選手によって投げ方は千差万別です。どんなにすぐれたやり方でも、人によって向き不向きがあるのです。

コーチがやるべきは、自分のやり方を選手に教えることではありません。大切なのは、自らの引き出し方のレベルを高めて、選手の可能性をたくさん引き出すことです。

野球チームも、会社も、まったく同じ

選択理論を学び、あらゆる業界の人とかかわる中で痛感したことがあります。それは、野球界も一般的なビジネス界も、本質はまったく同じだということ。

たとえ職業が違っても、人とのかかわり方や人材の伸ばし方、目的達成の方法は同じです。まったく違うようでいて、しっかりと共通していることがわかりました。

野球界の指導者は、野球指導以外のセミナーに参加することはまずありません。「そんなものに参加しても、野球の技術を学べない」と考えているからです。

技術ももちろん大切です。野球を指導するには、技術を知らなければなりません。しかし、いくら技術を知っていても、それだけではいい指導者にはなりません。自分ができることと、人に伝えることはまったく別物だからです。

コーチは人。選手も人。野球だろうがビジネスだろうが、人と人とのかかわりにこそ、人材育成の本質があるのです。

いかに選手を伸ばすか。いかに部下を成長させるか。

そのために必要になるものはまったく同じです。それは、相手の能力を引き出す力。

引き出す力を分解すると、質問力や傾聴力、承認力といったものです。

選手の可能性は無限です。その無限の可能性を引き出すための力をつけるためには、
自ら勉強することで自分の力も無限に伸ばしていかなければなりません。

自分自身の引き出す力が頭打ちになってしまうのか、それとも無限の可能性を秘めているのか。

学びつづけることによって、可能性を引き出すレベルが上がっていくのです。

だからわたしは学びつづけなければいけないと考えています。

コラム

試合に勝つシナリオを想定する

わたしがホークスの投手コーチになった1999年の開幕戦は、西武球場での西武ライオンズ戦でした。

わたしは監督室に行って、「監督、今日は何対何で勝つつもりですか？」と尋ねました。王監督は「なんで今、そんな話が必要なんだ？」と驚いていました。

「今だから必要なんです」

「じゃ、君は何対何を想定しているんだ？」

「監督、今日は2対1か1対0じゃないですか。西口から何点とれますか？」

西武の開幕投手は、エースの西口文也(にしぐちふみや)投手。かたやホークスの先発は西村龍次(にしむらたつじ)投手。監督の想定によって、二番手以降の投手の準備が異なります。

監督が1対0を想定しているのか、それとも4対3を想定しているのか。「この1点はあげてもいい」「この1点は防ぎにいかなければいけない」というのをわたしはブルペンに伝えないといけません。

「この1点はあげてもいい」というなら、ブルペンに連絡しなくてもいい。是が非でも防ぎにいくときは、どの投手を準備させるかを考えないといけない。

それから毎試合、何対何で勝つか王監督と話をするようになりました。

当時は篠原貴行（しのはらたかゆき）投手という中継ぎのエースがいました。篠原投手は勝ち試合が多くなると、連投になります。時には、試合前に「今日、篠原はいないつもりでいてください」と王監督に伝えることがありました。

「じゃだれにするんだ？」

「吉田でいきます」

と準備しておくわけです。

もちろん、試合結果の想定にはデータが必要です。西武の投手全体の防御率や対戦防御率などを監督に示して説明し、論理的に検討していました。

試合前に「勝つシナリオ」を7割は描いておきます。残りの3割は、予期せぬ出来事。たとえば、下位打線にホームランを打たれて大量失点するといったような想定外の事態です。これを予測して備えることは困難でも、7割は勝つシナリオを描いていれば、もしものときにあわてることはありません。

わたしはヤクルトスワローズのコーチだったとき、野村克也監督のもとで学びました。野村監督はいつも試合前に「今日は何点とれるんや〜」と言っていました。野村監督は監督室からベンチにやって来るのがギリギリの時間。監督室では自分で勉強しているのです。ベンチで待っていると、ライト方面からオーダーを見ながら歩いてきます。そのとき、「このオーダーだったら、うちの失点はいくつで、得点はいくつで」と考えているのでしょう。

「今日は何対何ですかね？」

「3点とれたらええとこか」

「じゃ、2点で防がなくてはいけませんね」

そんな会話を交わしたものです。

第2章

二軍コーチだからできた選手育成

——「質問力」で若手の可能性を引き出す

あえて二軍コーチを選んだワケ

選択理論を学んだ2012年のことでした。2013年のシーズンに向けて、4球団から投手コーチのお誘いをいただきました。わたしはそれまでにロッテとヤクルト、ホークス、巨人でいずれも一軍の投手コーチを務め、横浜の監督も経験していました。

そのせいか、オファーがあった4球団のうち、3球団は一軍の投手コーチでした。

その中で、巨人だけが二軍投手コーチのオファーだったのです。


自分が学んだ選択理論を若い選手の育成に活かしたい。

外的コントロールを使わずに、選手たちを育てたい。

そう考えていたわたしは、あえて巨人の二軍投手コーチを引き受けることにしました。


なぜ、二軍なのか。一軍ではダメなのか？　もちろん、一軍でも選択理論を活かした指導ができないわけではありません。

しかし、そもそも一軍の選手たちは、二軍と比べて外的コントロールを使う必要自体が圧倒的に少ない。一軍に定着しているのは、1言ったら10理解する一流の選手たちだからです。そもそもコーチが怒ったり強制したりする必要がありません。そんな選手たちだから一軍で活躍しているのです。

とはいえ、一軍の選手でも、頭では理解していても行動が伴っていないことがあります。そんな場合でも、選手に対して声をかけて、少しフィードバックすればいいだけです。


「ちょっと今日、どこか悪いの？」

「いいえ、大丈夫です」

「そう。今日、やるべきメニューをやっているように思えなかったけど、やった？」

とだけ言えばいい。

「忘れていました」

と返ってきたら、

「じゃ、やったらどう？」

と言えばいい。それでもやらないような選手は、一軍には上がっていません。

片や二軍には、考え方がまだ幼い選手が多い。高卒で入団してきた選手ならまだ10代。しんどいから怠けたい。面倒くさいからやらない。今日はいいや。そんな気持ちに負けてしまう選手もいます。

そうした選手たちを見て、かつてのわたしは「やれ！」と命令していました。

しかし、選択理論を学んだわたしなら違うかかわり方ができるはずです。威圧せず、強制せず、選手たちを育てたらどうなるのか？

選択理論を学んだわたしは、外的コントロールを使わずに二軍の選手を育てようと決意したのです。

若い選手たちの恐れをとり除く

プロ野球に入ってくる選手たちは、少年野球やリトルリーグ、中学・高校の部活動などで野球に打ちこんできています。

野球経験がある方は身にしみていると思いますが、野球チームは外的コントロールの嵐が吹き荒れる世界。中には選手の自主性を重んじているチームもありますが、決して多数派ではありません。

選手たちのほとんどは指導者と選手、先輩と後輩という絶対的な上下関係の中で過ごしてきています。

監督やコーチ、先輩から一方的に指導されてきたわけです。

かつては体罰という名の暴力すらまかり通っていました。

二軍の選手たちにとって、外的コントロールを受けるのは当たり前。小学生のころから監督・コーチにミスを責められ、威圧され、怒られてきています。

このため、若い選手たちが抱いているのは、コーチに対する恐れ。

「間違えたらどうしよう……」

「失敗したらどうしよう……」

若い選手たちは、指導者におびえています。ミスをすると叱られるという恐怖心が染みついているのです。

選手たちのこの恐怖心をとり除かなければならない。二軍のコーチになったわたしは、まずはここから手をつけることに決めました。
こわがっていては、自由に発言できません。自主性が生まれるはずもありません。ただ萎縮して「わかりました」と繰り返してしまうだけです。

「コーチに対して、自由に自分の考えを話していいんだ」

わたしは、選手たちにそう思ってもらえる雰囲気づくりを徹底しました。そのために決めたのが「人間関係を破壊する7つの習慣」を使わないこと。「批判する・責める・文句を言う・ガミガミ言う・脅す・罰する・自分の思い通りにしようとして褒美で釣る」の7つを避けました。
この7つは、若い選手たちが今までの野球人生の中で数知れずされてきたことです。

若い選手たちは自らの経験をもとに、「自分が思っていることを発言すると、怒られるかもしれない。否定されるかもしれない」と思いこんでいます。
それならば、怒られることも否定されることもなければ、自分の考えを発信するようになると考えたのです。

選手の考えを引き出す

高卒で入ってくる18歳の選手たちは、わたしの娘や息子より年下。若い選手からすると、自分の父親より年上のコーチに自分の考えを伝えようにも、遠慮してしまう面があるでしょう。わたしは、自分が一方的に話すのではなく、若い選手たちになるべく話させるようにしました。

とはいえ、わたしが外的コントロールを使わないからといって、選手がすぐに自分の考えを話すようになるわけではありません。長年にわたって上から押しつけられる指導を受けてきたからです。選手たちは「自分の考えを言ってごらん」と言われても、ほんとうに言っていいのかどうか、最初は疑心暗鬼でした。言ってしまったら、ドヤされると思うのも仕方のないことです。

徐々に「自分の意見を言っても怒られないんだ」とわかってくると、コーチに対する恐れがなくなっていきました。すると、選手たちは少しずつ変わっていったのです。

自ら自分の考えを話したり、質問したりするようになっていったのです。

「選手は何を考えているのか？」

わたしにとっては、これが一番知りたいこと。考え方がわからなければ、可能性を引き出そうにも引き出せないからです。

わたしの巨人の二軍投手コーチ時代に入団してきたうちのひとりが、田口麗斗（たぐちかずと）投手でした。彼は少し生意気なところがありました。といっても、それはいわば「かわいがられる生意気さ」。人間性のよさがあるから、生意気なことを言っても相手は腹が立ちません。田口投手はこの持ち前の性格が背中を押して、積極的に自分の考えを話すようになっていきました。

若いアイデアにふたをするのは組織の損失

若い選手たちは、私たちには思いつかない、いいアイデアを持っていることがあります。外的コントロールで接していると、選手たちはそれらすべてにふたをしてしまいます。どうせ否定されると思って、思いついたことを言わなくなってしまうのです。そうすると伸びる可能性も伸びなくなってしまいます。

生意気な選手は、従来の指導では「お前、生意気なこと言うな」とつぶされてしまったことでしょう。そうではなくて、

「お前すごいな、そんなふうに考えているのか」

と言ってあげればいい。そうすれば、私たちとは違ったアイデアが出てくるかもしれません。

会社でも、外的コントロールを使うことによって、社員からのいいアイデアが表に出てこないこともあるはずです。

社員は自分の頭の中にあるアイデアを活かしたい。でも活かせない。そんな職場に嫌気が差して転職して、ほかの会社で自分のアイデアを花開かせるということもあるはずです。これは、元いた会社組織にとって大きな損失です。

若い人たちが自分のアイデアを恐れずに発信できること。これがチームや組織の活性化に欠かせないのです。

限界を設定するのは、自分自身

「わたしも高校時代に野球をやっていたんですよ」

「プロ野球選手を目指していました」

いろいろな人たちと接する中で、そう言われることが少なくありません。

わたしが「なんでやめたんですか？」と聞くと、次のような答えが返ってきます。

「眼鏡をかけていたんです」

「背が低いので」

「体力がありませんでした」

プロ野球選手の夢をあきらめたのは、自分自身です。自分で限界を決めてしまったのです。途中であきらめてしまったのです。

「人生の目標を達成しようとするとき、限界がたった一つある。それは、自分が決めた限界だ」

世界的な能力開発の専門家であるデニス・ウェイトリーは、こう述べています。わたしもその通りだと思います。

わたしは社会人時代、まわりから「お前なんかプロに行けない」と散々言われました。バカにされました。数えきれないくらい悔しい思いもしました。それでも、プロ野球選手になれると信じ、夢は決して捨てませんでした。自分は、絶対プロ野球選手になれる。ほかの人になんと言われようと、わたしだけはそう信じていたのです。

サッカーのキングカズこと三浦知良選手は、52歳の今も現役でプレーしています。三浦選手は、今なお成長しようとしています。

イチローさんは45歳で遂に引退しましたが、40歳を過ぎてもまだ自ら成長しようとしていました。

この2人、似ていませんか？

自分が決めるまで、限界は来ないのです。

わたしは膝を2回手術して、引退しました。これは自分で限界を決めたからです。

指導者はあきらめてはいけない

三浦選手やイチローさんのように、どの選手も無限の可能性を秘めていること。わたしが二軍コーチとして選手たちとかかわるとき、これを意識するようにしていました。コーチとしてのわたしがムリだとは思わない。コーチのわたしがムリだと思ってしまったら、選手の可能性の芽を摘んでしまうことになりかねません。

選手にも、ムリだとは思ってもらいたくない。

「できる」

わたしは、そう思って選手たちとかかわるようにしていました。選手たちにもそう思ってもらいたかったのです。

もし、できないと思うと、できない理由ばかり探そうとしてしまいます。

選手に対しても、わたし自身に対しても「できるはずだ」と思うのです。そうしないと、できる方法は見つけられません。

選手の可能性に、限界を設けない。

自分自身にも限界を設けない。

選手はあきらめそうになることもあるでしょう。それでも、指導する側は絶対にあきらめない。

たとえ選手がムリだと思っても、コーチはムリだと思ってはいけない。

指導するうえで、これがとても大事なことだと思います。

小さな壁を1つずつ越えていく

自分で「ムリだ」と思ったその瞬間、限界がやって来ます。

自分がムリだと思わなければ、限界は来ません。

プロに入ってから、トントン拍子で伸びていく選手も中にはいます。それでも、必ずどこかで壁にぶつかります。自分がムリだと感じてから、その先をどうするか。どうしてもプロで生きていきたいなら、その壁を突破するしかありません。

「やっぱりここで終わりか」と思ったら、そこで終わり。

「突破するにはどうすればいいか」

これを考える限り、終わりはありません。
その壁を突破するからこそ、成長があるのです。

打者なら、打率3割というのが一流の目安。3割はなかなか打てません。とても大きな壁に見えます。

3割と2割9分。この2つには大きな差があるように感じませんか？　ほんとうにそうでしょうか。

ここで考えてみてください。100打数30安打なら打率3割です。29安打だと2割9分です。

100回打って、たった1本の差です。

たった1本で、3割打者になるか、2割9分で終わるかが変わり、天と地ほどの差がつくのです。

この1本を打てるかどうかという小さな壁。これを乗り越えた先に、3割打者があるわけです。

限界を設けない。限界を超える。そういうと、巨大な壁をイメージしてしまうかもしれません。

そうではないのです。

打者ならこのわずか1本のヒットを放てるかどうか。

1本のヒットの積み重ねでしかないのです。

ということは、続けることです。続けるしかありません。

あきらめずに続けて、小さな壁を越えていくしかない。すると、いつのまにか限界だったはずの大きな壁を越えているのです。

シビれにシビれた荒木大輔投手初勝利のロングリリーフ

プロに入って最も印象に残っている試合があります。荒木大輔(あらきだいすけ)投手の初先発・初勝利を4イニング投げてアシストした試合です。今でも忘れない1983年5月19日、神宮球場での阪神戦でした。

早稲田実業の投手として甲子園に出場した荒木投手は「大ちゃんフィーバー」を巻

き起こすほど人気者でした。当時、生まれた子どもの命名ランキングでは「大輔」が男子の1位になったほどです。現中日ドラゴンズの松坂大輔投手もそのひとりといわれています。

ドラフト1位でヤクルトに入団してきた荒木投手。もちろん、シーズンが始まる前から大いに注目されていました。時代の寵児が同じ球団にいたのです。

そんな中、当時の松園尚巳オーナーが「荒木投手に投げさせます」と予告したから大変です。平日のナイターにもかかわらず、神宮球場は立ち見を含めて大入り札止めになりました。

「尾花、今日、ちょっとベンチに入ってくれや」

その日、武上四郎監督がわたしに言いました。

わたしは2日後の21日の巨人戦に先発することになっていました。通例ならば、ベンチメンバーには入らないはずです。不思議に思いつつも、わたしはその時選手会長をしていましたので、「荒木が投げるから、ベンチで応援してやれということかな」というくらいの軽い気持ちでベンチ入りしました。

ところが、3回裏にヤクルトが1点を入れると、武上監督から「尾花、ブルペンに行ってくれ」と声をかけられました。まさか、といったところです。

「今日投げるんじゃないだろうな」「でもおれ、21日先発やし。投げても9回だけかな。しかしブルペンに行くのが早いな」と、いろいろなことを考えながらブルペンへと向かいました。

5回になると、ベンチからブルペンに電話がありました。「つくれと言っています」と伝えられました。投球練習で肩をつくり、試合で投げる準備をしろということです。

「監督から？」

「監督です」

しばらくヤクルトがリードしていれば、荒木投手は勝ち投手の権利を得ます。わたしは「まさか6回から投げるのか？」と思いながら肩をつくりました。

「ピッチャー尾花」

こういう予感は当たるものです。案の定、5回が終わったところで、武上監督が審判にそう告げるではありませんか。

スコアは1対0でヤクルトリード。

荒木投手は勝ち投手の権利を持って降板です。

阪神に1点与えたら、日本中が注目している荒木投手の勝ち投手の権利を消してしまいます。それだけは絶対にできない。正直に言って、逃げて帰りたかった。しかし、逃げることだけはできませんでした。

7回裏にヤクルトが1点追加して2対0。8回表にエラーで1点返されて2対1。

とにかく全力でした。自分が先発のときとは比べものにならないくらいの必死の投球です。スタジアム中が固唾を呑んで見守る中、わたしは58球全力投球しました。

最後は阪神の助っ人、スティーブ・ストローター選手のサードゴロでゲームセット。サードの杉村繁（すぎむらしげる）選手がとったときには「頼む～ちゃんと投げてくれ～」と祈るばかり。ファーストの渡辺進（わたなべすすむ）選手がバシッととって、塁審が「アウト!」といった瞬間、へらへら～と腰が抜けそうでした。

あれはほんとうにしんどかった。しかし、あの経験のおかげで、自分は精神的に成長できたと思います。

あのときわたしは入団6年目。「ヤクルトのエースは尾花になったな」と言われるようになったころです。前年から4年連続で二ケタ勝利を挙げました。

実は当時、先発とリリーフがまだ完全に分業化されていませんでした。先発投手がリリーフすることは珍しくなかったのです。先発で投げて、少し空いたらリリーフして、また先発するというのがよくあるパターンでした。

わたしは中3日で投げたシーズンもあります。移動日があって中4日。246イニング投げた年もありました。ちなみに、2018年の最多投球イニングは巨人の菅野智之投手の202回です。

まさかその2日後にロングリリーフ

荒木投手初勝利の2日後、後楽園での巨人戦は、先発こそしませんでしたが、なんと1回からリリーフしました。

1回表にヤクルトが4点入れたものの、その裏に巨人に2点入れられてしまったのです。ベンチ裏でマッサージを受けていると、若い選手が飛んできて「監督がブルペンに行けと言っています」。わたしはあの全力投球からまだ2日。いくらなんでも、今度はさすがに冗談だと思いました。

「おい冗談はやめてくれよ、肩まわれへんで、パンパンや」

「監督マジです、行ってください、わたしが怒られます」

気が進まないまでも、そこでやっと腰をあげました。ベンチに行ったら、武上監督が何ごともない顔で「お前何やっているんや、早うブルペン行け」と言ってくるではありませんか。

後楽園はレフトのポール下にブルペンがありました。そこに着いたらいきなりビービー呼び出し音が鳴りました。

「尾花さん。監督ができたか聞いています」と後輩。

「アホか、今来たとこやろ。ビービーうるさくて、キャッチボールもできないわ」

「もう行けゆうてます」

「わかった、できたと言え」

ここまでくれば乗りかかった船です。

確か2アウト一、二塁でした。2アウトだからまあいいかと思って、変化球を投げて、アウトをとりました。そしてベンチに帰らずそのままレフトのブルペンに歩いていきました。今度こそ、ちゃんと肩をつくるために。

その試合は最後まで投げきり、引き分けでした。

あのころはムチャクチャでした。今ではありえません。

それでも、わたしは肩肘は故障しませんでした。少し痛くはなりましたが、手術するほどではありませんでした。ただ、右膝を2回手術しています。半月板損傷と十字じん帯断裂です。わたしは丈夫だけが取り柄。なんとかなったものです。

限界を自分で決めなかったからこそ、できたのです。「こんなんムリや」と決めたら、その瞬間にムリになる。

100球になったら交替するものだと思っていたら、100球しか投げられません。先発したら完投するのが当たり前だと思っていたから、完投できたのです。

今の抑えのエースは9回の1イニングしか投げません。ところがわたしの現役当時、江夏豊（えなつゆたか）投手は7、8、9回の3イニング投げていました。それが当たり前の時代でした。

今の投手と比べて、当時の投手に抜群のスタミナがあったわけではありません。当たり前と思うかどうかが、できる・できないをわけるのです。

自信がなくても、まずはチャレンジ

「自信がない」と言う人がいます。「自信がないからできない」「自信がないから始められない」とまじめな顔で言うのです。本人はいたって真剣なのでしょう。

自信があるのか、自信がないのか。

実は、これも自分の中の決めごとにすぎません。

できる人でも、最初から自信があってやっているわけではありません。自信は、小さな成功から少しずつ得ていくものなのです。

とりあえず、やってみる。うまくいく。そこで、「あ、おれ、できるんだ」とはじめて思う。

こうした小さな成功の積み重ねが自信になっていく。それが知らず知らずのうちに大きな自信になるわけです。

できたときの自信は大きいので、その積み重ねがもっとやろうというチャレンジ精神に変わっていきます。

一歩踏み出して何かを始めなければ、小さな成功は手に入りません。うまくいくかわからなくても、とにかくやってみるということです。

「もしかして失敗するかもしれないけど、まずやってみよう」

そう思ってやってみなければ、成功するのか失敗するのかすらわかりません。たとえ失敗したとしても「もっとやれるはずだ」と思ってやりつづければいい。何回失敗しても、できるまでやればいいだけです。

最終的に成功すれば、それは成功者です。

失敗で終わったまま挑戦をつづけなければ、それは失敗者です。

つまり、挑戦をつづけている限り、失敗者にはならないのです。だから、成功するまでやりつづけるしかありません。
あきらめる道はないのです。

それまでできなかったことに挑戦してみて、成功したときの選手たちの喜びはとても大きい。選手たちには「できる」という思いにさせないといけない。「ダメだ」と思わせたら、それ以上伸びません。

人間、しんどいことはやりたくない。しかし、やらずに上達することはありません。

やると決めたら、やるしかない

自分がやると決めたことは、やるしかない。わたし自身、自信のあるなしにかかわらず、やると決めたことはやりつづけてきました。

たとえば、わたしは結婚するときには家を建てると決めていたので、プロ入り以来、毎月給料の半分を貯金していました。

26歳で結婚していざ家を買うときのこと。

住宅ローンの相談をしようと思い、貯金していた銀行に足を運ぶと、支店長が出てきました。

「今日はなんのご用件でしょうか？」

「ここに貯金しているんですが」

「存じております」

「家を建てたいのです。頭金はありますが、担保がありません。どうしたらお金を貸していただけますか？」

するとと、支店長がにっこりと笑って言いました。

「尾花さん、あなたはすごい信用がありますよ。担保もあります」

「え？　なんですか」

信用があるなど、寝耳に水です。わたしは驚いて聞き返しました。

「あなたは一度も預金を下ろしていませんよね。これがわたしどもにとっての担保です。尾花さん、いくら借りたいですか？　あなたが言う額を貸しましょう」

これはとてもうれしかった。堅実に生きてきたことが報われたと感じました。

当時の住宅ローンの利率は7・2％。野球選手は返済期間が最長10年でしたが、わたしは5年間で返しました。

プロ野球選手にも、なると決めてなりました。

プロ野球選手になって親孝行するというのも、自分で決めてやりました。プロ入りしてから結婚するまでの7年間、仕送りを続けたのです。実家を新築する際にも手助けすることができました。学費の高いＰＬ学園に入れてくれたことに対する感謝があったからです。

やると決めたらやりつづける。それしか結果を出す方法はないと思います。

コーチに求められる「質問力」

日本の野球選手はコーチに言われたことをただ聞いている傾向が強い。若い選手ほどそうです。ベテランになれば「それはどういう意味ですか？」「こうしたらどうですかね？」とコーチに意見を言えますが、若い選手は「はい！」と聞くだけのことが多い。

これは何も野球界に限らないでしょう。会社も学校も同じではないでしょうか。学校のテストでは、先生に教えられたことをいかに覚えているかが問われます。スポーツでも、コーチに教えられたことを反復するという練習が体に染みついています。コーチや先輩に自分から質問して、練習の糧にしろと話しても、すぐにはできません。

コーチであるわたしから「こうしたほうがいい」と投げかけてしまうと、選手はわかっているかわかっていないかにかかわらず、「はい」と返事してしまいます。そういうクセがついているのです。

選手たちの考えを引き出すには、コーチの側に質問力が求められます。相手に質問して、傾聴して、相手のことを承認するという作業を繰り返さなければいけません。そのうちに選手も自ら「自分の考えを言っていいんだ」とわかります。

拡大・未来・肯定の3つの質問を心がける

そうはいっても、質問しろと言われたところで、いきなりは実践できません。どのように質問すればいいのかを知る必要があります。

質問には大きく3つのパターンがあります。

（1）拡大質問と特定質問
（2）未来質問と過去質問
（3）肯定質問と否定質問

この3つです。


まず（1）の拡大質問と特定質問。

特定質問（クローズドクエスション）とは、イエス・ノーで答えられる質問です。例えば、「今日ピッチングするの？」「ウェイトトレーニングはするの？」などで、するなら「はい。します」しないなら「いいえ。しません」といったものです。

一方の拡大質問（オープンクエスション）とは、「今日のピッチング練習の目的は何？」「ウェイトトレーニングはどこを鍛えるの？」といった質問です。答えが1つではなく、自由に答えることができます。

大切なのは、選手に自由に話させること。そうすれば、「この選手はこういうことを考えているんだ」「意外としっかりしているな」というのが見えてきます。拡大質問で相手の考えを引き出さなければなりません。

（2）の過去質問とは、これまでどうだったかを問うもの。未来質問は、これからどうしたいかを問うもの。

（3）の否定質問とは、「なんでできないの？」といったように否定の言葉が入っているもの。これを肯定質問にすると「どうすればできるかな？」となります。

「なんでやらなかったの？」

と言われるのと、

「どうしたらできると思う？」

と言われるのでは、選手の受け止め方は大違い。

「なんでやらなかったんだよ！」とばかり言われていたら、反省や悔いばかりが選手の頭に浮かんできます。
「どうしたらできると思う？」と言われたら、できるようになる方法を考えます。片やできなかったことをずっと悔やんでいる。片やできることを考えている。これが選手の今後の成長に大きな差となって表れるのです。

心がけるべきは「拡大質問・未来質問・肯定質問」の形で問いかけること。すべて逆にして、特定質問、過去質問、否定質問で問いかけたら、できるものもできなくなってしまいます。

また、質問の中でもっとも重要なのは、「自己評価を促す」質問です。選手の成長は自己評価の姿勢に現れます。「今の行動で、ほんとうに目標達成できると思う？」「今やっていることは、目標達成に効果的かな？」こうした選手の自己評価を促す質問が、選手の考え方や結果に対する決意、そして、責任感にもつながっていくのです。

二軍コーチでわたし自身も成長

一軍に定着しているベテラン選手に対しては、コンディションさえチェックしておけば、コーチがいちいち細かいことを言う必要はありません。もちろん一軍でも若い選手に対しては、レベルを上げるためにアドバイスします。

一軍の選手は、先を見越して自ら練習します。たとえば投手なら、オフやキャンプの時間を使って新しい球種を覚えるための練習をしています。

一方で、二軍にはそこまで自分では考えられない選手が多い。何をしたらいいのかわからない選手もいます。そこは、コーチが教えなければなりません。

ただし、全部が全部教えこむと、考えない選手になってしまいます。そこで質問力が必要になるわけです。

二軍のコーチをすることで、わたし自身も成長しました。質問力が伸びたのです。

現在位置はどのあたりなのか？

何が足りないのか？

どういうことをしないといけないのか？

それならどうやって段階を上がらせるのか？

どんな目標を設定すればいいのか？

今年中に何をやれば来年は一軍に上がれるのか？

わたし自身も、二軍の選手たちのために、考えて考えて考えなければなりませんでした。そうしないと、選手の自発性を引き出す的確な質問はできないからです。

選択理論消化不良病

選択理論を実践しはじめると、多くの人がぶち当たる壁があります。わたしもぶつかりました。

選択理論を使おうとしてはいるもののやさしく接するだけになってしまい、成果が上がらない。

こうした壁です。選択理論消化不良病と呼ばれているようです。

選手に強いフィードバックを実践するとき、「これって外的コントロールなんだっけ……？」と迷ってしまうのです。かといって、単にやさしく接しているだけで選手が伸びるわけではありません。どうすればいいのかわからなくなってしまうのです。

　このとき、わたしが基準にしたのは、強いフィードバックの対象が「人に対して」か「起きたコトに対して」か。


　人に対して強く言うと外的コントロールになってしまいがちですが、起きたコトに対してなら外的コントロールにはなりません。これが大きな線引きになります。罪を憎んで人を憎まずといった感じでしょうか。

　打者の空振りなら、空振りしてもいい場面だったのか、何がなんでもバットに当てるべき場面だったのか。打者の行為にはフィードバックをかけます。ただ、「なんで打てないんだ？」とは言わない。打者だって、打てるものなら打っています。

　投手なら、フォアボールを出してはいけない場面でフォアボールを出したら、そのこと自体に対してはフィードバックをかけます。打者は打って3割。投手が7割勝ちます。フォアボールを出して1失点ですむ場面なら、そのほうがいいこともももちろんありますが、その判断は投手ではなくベンチがやることです。

打者と勝負するというベンチの判断なら、もし、ストライクを投げて打たれてしまっても、「お前何やってんだ」とは言わない。どうすべきだったかはフィードバックをかけても、人を責めることはしません。

投手は、投げなければ結果はわからない。そのとき、「打てるものなら打ってみろ」と思って投げるか、「打たれたらどうしよう」と思って投げるか。想像する以上にこの差が大きい。

「打てるものなら、打ってみろ」

投手がそういう気持ちになれるような接し方を心がけるわけです。

コラム

お金の感覚が身についた会社員経験

PL学園時代にプロから声がかからなかったわたしは、新日鉄堺に就職しました。社会人野球でプレーしたのは2年間です。

あのときは野球をするだけでなく、会社員として通常の仕事もこなしていました。午前中は仕事で、お昼ごはんを食べて、午後から野球部の練習に行っていたのです。

わたしの配属先は「環境測定第一班」。工場の排煙が法令に違反していないか調べる部署です。わたしは定期的に30メートルくらいの煙突に登っていました。ダストを測定するためです。煙突にノズルを突っこんでダストを採取し、電子顕微鏡で見ていました。それを記録していくのです。

2年間の会社員経験は、社会人としてとてもプラスになるものでした。最たるものは、お金の感覚を身につけられたこと。当時、わたしの月給は8万円で、ボーナスが20万円でした。その範囲内でやり繰りするという社会人としての当たり前の感覚が身についたのです。

プロ野球に入ったとき、1年目の年俸が260万でした。手取りがおおよそ月20万円。もしこれがはじめての給料だったら、舞い上がっていたでしょう。しかし、わたしには社会人経験がありました。「毎月ボーナスだ！」と思いながらも、きちんと半分を貯金することができました。結婚するまでの7年間、一度も下ろしたことがありません。

第3章

一流を育てる方程式

――素質×考え方×行動＝仕事の質

PL学園では打つのも投げるのもビリ

わたしが生まれ育ったのは、弘法大師で有名な高野山の麓、和歌山県の九度山町という山あいの町です。弘法大師のお母さんが住んでいた土地で、月に9度、弘法大師がお母さんに会いに来ていたことから九度山と名づけられたそうです。

わたしの両親は農業を営んでいましたが、それだけではとても食べられず、平日は織物工場へ働きに出ていました。わたしは、4人兄弟の末っ子です。

わたしが住んでいたのは田舎町だったので、リトルリーグのチームなどありませんでした。小学生時代はゴムボールの手打ち野球で遊んでいました。

本格的に野球を始めたのは、中学で野球部に入ってからでした。わたしはピッチャーで、打順は3番か4番。毎年のように郡大会を勝ち上がり、県大会に出場するほど強いチームでした。

確か県大会でしたが、PL学園のスカウトが対戦相手の投手を見に来ていたときのこと。7回までの軟式野球で、わたしは全21アウト中、15個の三振を奪いました。たまたまそれがPL学園のスカウトの目にとまって、声がかかったのです。

中学3年の12月の寒い日、山あいにあるわたしの自宅にPL学園の監督と寮長、スカウトの3人がやって来ました。坂道を汗だくだくになりながら上ってきたのを覚えています。実家の前には急な坂があり、わたしは出かけるときいつもその坂を上り下りしていました。わたしにとっては慣れた道でしたが、はじめて来た人には驚きだったようです。決め手になったのも、この坂でした。

「この坂道を15年間上り下りしているなら、足腰は強いだろう」と考えた監督が、わたしをとってくれたのです。監督が技術を見ないでとった選手は、わたしがはじめてだったそうです。

PL学園の野球部は衝撃でした。みんなのレベルが高かったからです。同期は14人で、このうち9人が投手。中学まで4番でエースの選手ばかりです。しかも、硬式野球のリトルシニアリーグ出身者がほとんどで、わたし以外、みんなが顔見知り。軟式野球出身のわたしは「尾花ってだれ?」という顔で見られました。

わたしは打つのも投げるのもビリ。まったくセンスがありませんでした。

当時、PL学園では竹のバットで打撃練習していました。芯に当たらないと手がしびれる。とくに冬場は痛い。だからわたしはバッティングが大嫌いでした。

自分より上手な選手と競いあうため、みんなよりも絶対たくさん投げよう、走ろうと思いました。

「あいつが50本走るなら、おれは60本走ろう」

そんなことばかり考えていました。

下手だから考えたわけです。うまかったらそこまで考えなかったかもしれません。

大した素質はなくても、あきらめなかったプロへの夢

貧しい家庭で育ったわたしは、子どものころからお金を稼いで親孝行したいと考えていました。

一攫千金を当てるにはどうすればいいのか。子どもなりにたどり着いた方法が2つ

ありました。
1つは宝くじに当たること。でも、宝くじを買うには元手が必要です。わたしには元手がありませんでした。もう1つはプロ野球選手になること。こちらは元手はいりません。自分の努力次第でなんとかなると思ったのです。だからわたしは子どものころからプロ野球選手になると決めていました。

PL学園に通っていたときも、プロ野球選手になりたいと思いつづけていました。自分の中では、甲子園は通過点というイメージでした。将来、プロ野球で活躍して、お金を稼いで、親孝行したいとずっと思っていました。

PL学園は春夏計37回甲子園に出場しています。しかし、結局わたしは一度も甲子園に行けませんでした。高3のときは一応、背番号はエースナンバーの1をもらいました。しかし、実質的なエースは後輩の2年生でした。

高校時代のわたしはプロに入りたいとは思っていたものの、ドラフトで指名されるような選手ではなかったのです。

強い思いは通じる

高校卒業後は社会人野球の新日鉄堺に進みました。

プロになるには、努力するしかない。

わたしは、毎日グラウンドを30周走るのをノルマとして自分に課していました。社員寮から会社まで、毎日の通勤は自転車。片道30分、往復1時間。足腰を鍛えるためです。和歌山の実家から自転車を持ってきて乗っていました。

休みの日は寮からＰＬ学園まで走っていって、後輩たちの練習を手伝いました。それが終わったら、また寮までランニングです。片道10キロはあったでしょうか。

なぜ、わたしが走りつづけていたのか。それは、思いがあったからです。

「プロ野球選手になりたい」

この思いです。

わたしのような素質のない人間がプロに行くのは、たやすいことではないとわかっていました。プロになるためには、必ずなんらかの代償を払わなければなりません。それがわたしの場合は練習でした。

新日鉄堺には、チームメイトに中出謙二（なかでけんじ）という捕手がいました。のちに南海ホークスからドラフト1位で指名されたほどの注目選手でした。各球団のスカウトが中出捕手を見に来るほどだったのです。

片やわたしはスカウトの眼中にない投手でした。

しかし、地道な努力の実る日が来ました。

「いつも走っている選手がいるよね」

中出捕手を見に来たヤクルトのスカウトが、新日鉄堺の野球部長にそう話しかけたそうです。

「尾花といって、いつも走っているんですよ。あいつ、遠征に行ってもチームのバスを待たせて走りよるんですわ」

部長はこう答えたそうです。これがヤクルトから指名されるきっかけでした。

強い思い。

その思いを実現するための行動。

こうしたことは、なんらかの形で必ず伝わるべき人に伝わるものです。見てくれている人は必ずいるのです。

今、野球をやっている高校生の中には、プロに入りたい人がたくさんいると思います。その思いを捨てた瞬間、プロ野球選手への道は閉ざされます。プロに入るには、あきらめずに続けるしかありません。

プロに入って、3日で挫折

社会人野球を2年間経験して、ヤクルトにドラフト4位で入団したのは1978年のことでした。

わたしはプロの世界に入って3日目で挫折しました。

「ああ、おれ、プロではやっていけないかもしれない……」

先輩たちのピッチングを目にしてがく然としました。とにかくみんな球が速かったからです。

とくに松岡弘、永川英植、酒井圭一、井原慎一朗、この4人は速かった。松岡さんはその当時のエースで、すでに１２０勝していました。球が速くて大きいカーブあり、スライダーあり、フォークあり、シュートあり、どれも一級品でした。これなら勝てて当然です。

わたしが驚いたのはほかの3人でした。全員が１５０キロ前後の剛速球を投げるのに、77年には3人合わせて１勝もしていませんでした。「この人たちが勝てないのに、おれには絶対にムリ」と思いました。

わたしは社会人時代、どちらかといえば本格派の部類のつもりでした。しかし、そんなことを思っていたことが恥ずかしくなりました。

わたしの球は、せいぜい最速１４３キロ。それも、そんなに何回も出したことはありません。先輩たちとの差は歴然としていました。

「この世界で3年持つのだろうか。１年で、もしかしたらクビになるかもしれない。

とてもじゃないけど、おれなんて通用しない……」

そう思って、しばらく落ちこみました。不安ばかりでした。

それでもわたしは考えました。

「自分がプロ野球に入った目的はなんだったろうか?」

それは親孝行すること。せっかくプロ野球選手になれたのだから、なんとか生き残りたい。生き残る道があるのではないか。そう考えて、先輩たちのピッチングをずっと観察してみました。

安田猛投手を見て、「これだ!」

すると、安田猛（やすだたけし）という投手が目にとまりました。

安田さんは身長173センチとあまり大きくはなく、どちらかといえばポチャッとした体型。球も大して速くない。130キロ台でしょうか。

ところが、選手名鑑をめくってみると、毎年のように15勝前後しているではありませんか。「なんでこの人が勝てるんだろう?」とがぜん興味がわきました。意識して安田さんを観察することに決めたのです。

安田さんを食い入るように見つめているうち、気づいたことがあります。コントロールとキレが抜群にいいのです。キレとは、球の回転数です。

変化球は、小さく曲がるシュートと、今でいうカットボールが秀逸でした。打者がストレートだと思って手を出すと、手元で小さく曲がるわけです。すると、バットの芯から少しずれて、打球が詰まってしまいます。

「これだ！」

わたしはそう思いました。わたしはだれを目指すべきなのか。松岡さんのような本格派ではなく、安田さんのようなコントロール投手を目指すべきだということが明確になったのです。

ちなみに、わたしが1年目のこの年、開幕投手は安田さんでした。

投げに投げてコントロールを磨く

それからというもの、わたしは投げに投げました。とにかく投げて投げて投げまくりました。指先の感覚と脳が一致するくらい投げました。

今ならキャンプで2000球投げるとマスコミが大騒ぎします。45日間だったユマキャンプ中に、わたしは4500～5000球投げました。コントロールを磨きたいという一心です。そうしなければプロの世界で生きていけないと思いながら、必死になって指先の感覚を研ぎ澄ませました。

そのうち、わたしの相手をしてくれていたブルペンキャッチャーたちが「お前が受けろよ」と譲り合うようになってしまいました。わたしが何球投げるかわからないからです。1日100～200球、最高で1日300球投げたこともあります。今振り返っても、あのときはよく投げました。

結局、1年ちょっとでコントロールは身につきました。

コントロール抜群の安田さんは、81イニング連続無四球という日本記録を持っていました。わたしも挑戦してみましたが、42イニングで途切れました。ちなみに安田さんの場合、阪神タイガースの主砲・田淵幸一(たぶちこういち)さんへの敬遠から始まって、田淵さんへの敬遠で途切れました。コントロールミスでの四球ではないのです。安田さんがいかにコントロールがよかったかがわかります。

わたし自身、コントロールのよさについて自慢できる記録がたった1つあります。それは、押し出しが一度もないこと。1000イニング以上投げた投手で、押し出しがないのはわたしだけです。もう1人、巨人の江川卓(えがわすぐる)投手が押し出しをしていませんでしたが、引退の年にやってしまいました。だからわたしだけの記録です。

素質×考え方×行動＝仕事の質

野球選手の素質には、4つあります。「肩が強い」「遠くへ飛ばす」「球が速い」「足が速い」、この4つです。

残念ながら、素質を根本的に変えることはできません。もちろんトレーニングすれば、ある程度は球は速くなります。しかし、だれもが150キロの剛速球を投げられるようになるわけではありません。ましてや大谷翔平選手のような160キロの球は、特別な素質がなければ投げられません。

足の速さや肩の強さ、遠くへ飛ばす力も訓練すればある程度は伸びますが、超一流の素質がある人にはかないません。

ところが、超一流の素質があるにもかかわらず、プロで活躍できなかった選手は山ほどいます。

それはなぜか。素質だけですべてが決まるわけではないからです。素質ですべてが決まるのなら、ドラフトで上位指名される選手は全員が活躍するはずです。最近は高校生でも150キロのスピードボールを投げる投手が珍しくなくなりました。そんな素質あふれる選手でも、入団後に活躍するのはひと握りです。

一流選手と二流選手を分ける要因は3つあるというのがわたしの考えです。「素質」「考え方」「行動」です。

素質×考え方×行動＝仕事の質

わたしは長年にわたってプロ野球界に身を置いてきて、この方程式にたどり着きました。

素質が一流、考え方も一流、行動も一流なら、間違いなく仕事の質は超一流になります。

しかし、たとえ一流の素質を持っていても、考え方と行動が二流なら、仕事の質は二流以下で終わってしまいます。

ドラフト1位の選手は活躍して当たり前。なぜ活躍しないかといえば、考え方と行動に問題があるからです。だから活躍できない。技術よりもむしろ、考え方と行動が大切だとわたしは思います。

プロに入れる素質があるなら100勝、1000安打はだれでも可能

それでは、素質が二流の人はどうでしょうか。たとえ素質が二流でも、考え方と行動が一流なら、超一流にはなれなくても、一流にはなれると思います。

150キロの剛速球を投げられるような「球が速い」という素質がなかったわたしでも、プロ生活14年間で通算112勝しました。大した素質があったわけではないわたしが100勝以上できたのですから、プロに入れる素質がある選手が100勝できないわけはありません。

プロに入れるレベルの素質があれば、だれでも100勝できます。打者なら、だれでも1000本安打できます。

150キロを投げるくらいの一流の素質がある投手なら、100勝どころか200勝できるはずです。考え方と行動も一流になれば、200勝できます。

持って生まれた素質は変えられません。しかし、考え方と行動なら、今すぐにでも変えられます。

素質だけでは生き残れないことを早く気づかせてあげる

ドラフト1位、2位で入団しても、活躍しない選手がいる一方で、ドラフト下位や育成出身でも、活躍している選手がたくさんいます。

なぜ、ドラフト下位の選手が活躍できるのか。

「これは大変な所に来てしまった……」

「どうしたらプロで通用するんだろうか？」

わたしがそうだったように、危機感を覚えて自分で考えるからでしょう。素質がなければ、工夫して、努力しないと生き残れないことは、すぐにわかります。

ドラフト1位の選手はそこまで考えなくても通用すると思っているケースが多い。それまで同世代の中では圧倒的な実力があったからです。「おれの球が打たれるはずはない」というプライドを持って入ってくる選手もいるでしょう。自分が活躍できないはずはないと思っている選手もいるはずです。

ところがプロの世界は甘くありません。たとえドラフト1位でも、素質に胡坐（あぐら）をかいていては通用しません。プロに入ったら、プロ仕様に考え方を変えなければならないのです。これにいかに早く気づけるか。やっと気づいたころに戦力外通告では手遅れです。

このことに早く気づかせてあげるのも、コーチの大事な役割だと思います。

わたし自身、もし、150キロの速球を投げられたなら、深く考えなかったことでしょう。150キロの速球を投げる素質がなかったから、かえってコントロール投手として生き残れたのかもしれません。

王貞治という超一流の考え方と行動

わたしはこれまで超一流の野球人と接してきました。

印象的なのは、王貞治監督からダイエーホークスの投手コーチに呼ばれたときのことです。

忘れもしない1998年10月、わたしがヤクルトのコーチを辞めて10日ほど経ったときのことでした。

「もしもし、オウですが……」

という電話がかかってきたのです。わたしにはオウという知り合いはいませんでした。間違い電話だと思って、「どちらにおかけですか?」と返したのです。すると、

「申し訳ない。福岡ダイエーホークスで監督をしております王貞治です」

と言うではありませんか。わたしは驚きました。電話を持って直立不動です。

「なんでしょうか？」

「君は今、フリーなのか？」

「はい、先日辞めたばかりです」

「僕を手伝ってくれないか？」

それを聞いて、わたしは内心ガッツポーズしました。それでも即座に了承はしませんでした。

「監督、わたしは監督の野球観がわかりません。監督もわたしの野球観がわからないのではないでしょうか。一度話してからでも遅くないと思います」

するとと王監督が、

「そうだな。わかった。2日後、秋季キャンプが休みになるから、僕が東京に行こう」

とおっしゃったのです。

これが超一流の人の考え方です。王監督ほどの実績がある方なら「いやいやホークスの王だよ」と言えばすむことです。それをフルネームで言いましたから。さらに

「尾花くん、悪いな、高知に来てくれるか？」でいい。何せ、わたしはフリーでブラブラしているのですから。それなのに、自分から東京に行くと言うのです。あんなに忙しい方がです。

待ち合わせたのは世田谷区の奥沢(おくさわ)にある王監督の知り合いのイタリアンレストランでした。王監督がセッティングしてくださったのです。わたしは絶対に遅れるわけにはいかないと、15分前にお店に着いたはずでした。するとビックリ、王監督はもうお見えでした。わたしは「遅れた！」と思いましたが、遅れていませんでした。王監督が早く来て待っていてくださったのです。

これが超一流の行動です。

考え方も行動も、次元が違うのです。

みなさんのまわりにいる一流と呼ばれる人たちはどうでしょうか。「話したいことがあるから、ちょっと来てくれよ」と言わないでしょうか？「ごめんごめん」と待ち合わせに少し遅れて来ないでしょうか？　もしかすると、それが一般的な一流の人かもしれません。しかし、超一流は違うのです。

奥沢のレストランで4時間ほど話したでしょうか。最後に「頼む」と言われて、わたしは「わかりました。お願いします」とホークスの投手コーチを引き受けました。

30本のホームランを打ったのに引退した王さん

わたしは現役時代、3年間だけ王さんと選手生活が重なっています。対戦もしました。王さんの通算本塁打868本のうち、4本はわたしから打ったホームランです。わたしも世界記録に貢献しているのです。

ホークスのコーチ時代、王監督とその話題になったことがあります。すると、王監督は「おれ、お前をあまり打った記憶がないんだよ」。そうです、わたしはけっこう王さんを抑えました。対戦打率は2割1分4厘。わたしの少し落ちるシュート、つまりシンカーにいつもタイミングが合わず、セカンドゴロになったのです。

王さんは引退する年、30本のホームランを打っています。30本塁打は、4番打者として十分通用する数字です。わたしは「まだ現役を続けてもよかったのではないですか？」と聞いてみたことがありました。すると、王さんはこう言いました。

「君たちは30本もと言うけれど、おれは30本しか打てなくなったんだ。ファンの人たちはおれに何本期待している？　50本だろ。それが30本しか打てなくなったら引退するしかないだろ」

王さんはこうも言いました。

「おれは怠け者だった。もう少し努力すれば1000本打てたのにな～」

これが超一流の考え方です。

まずは「考え方」を変えるのが第一歩

それでは、一流の考え方と行動を身につけるにはどうすればいいのか。

まずは考え方を変えるのが先です。

というのも、なんの目的も考えもなしに行動するというのはありえないからです。

私たちは、何かしら目的や考えがあって、はじめて行動します。

野球選手として大切なのは、自分がどういうものを望んでいるのか。自分が望んでいないことが結果として出てくることはありません。

たとえば、洋服が欲しいと思うから、買うという行動に移すわけです。「貯金して買おう」「次のボーナスが出たら買おう」と考えれば行動する一方で、「お金がないからやめよう」と思えば買いません。どんな行動にも考えの裏づけがあるわけです。

マイナスの考え方をしていれば、仕事の質がプラスになりようがありません。

「ムリだ」と考えているのと、「なんとかなるはずだ」と考えているのでは、行動の結果はまるで違います。

「なんとかなるはずだ」と思っていれば、なんとかする方法を探します。「できない」と思ったら、やらない方法を探して、言い訳を見つけて、結局やらない。

やるか。それともやらないか。

大切なのは、野球選手として成功する考え方をしているかどうか。中には、考え方がすばらしいのに行動しないもったいない人もいますが、まずは考え方が大切です。

考え方を改めることが行動を変える第一歩です。

テスト生から新人王をつかんだ三瀬幸司投手

ホークス時代、三瀬幸司(みせこうじ)という投手がテスト生として来たときのこと。三瀬投手は社会人でプレーしていて、すでに27歳でした。投球を見たら、スライダーは一級品。しかし、球種がストレートとスライダーしかありませんでした。

「三瀬、ツーシームかシュートは投げられないの?」

「いや投げたことないです」

「こうやって握って、3球ほど投げてみて」

シュートの握りを教えて、投げさせてみた。すると、キュー ッと鋭く曲がるいい球を投げるではありませんか。左投手が足りなかったこともあって、即合格です。

三瀬投手は入団した年、4勝3敗28セーブを挙げ、28歳で新人王に輝きました。

三瀬投手のシュートはなかなか打たれませんでした。公式戦でシュートをヒットにされたのは一度だけ。それも、バウンドしてファーストの頭を越えた不運なヒットだけでした。

パ・リーグの一流打者でも、三瀬投手を苦手にしているケースが少なくありませんでした。三瀬投手はスライダーもキレましたが、ストレートとスライダーだけでは打者は思いっきり踏みこんできます。ところがスライダーとは逆方向に曲がるシュートがあるからやっかいなのです。打者は容易に踏みこめません。球種が1つ増えるだけで、打者にとっての打ちにくさは大きく変わるのです。

これは考え方です。考え方を変えて、技術と融合させれば、武器になるのです。プロに入ってくるほどの素質がある選手なら、武器を1つ持てば活躍できるわけです。

投手が目指すべきは、球の速さではありません。大切なのは、いかに打者に打ちにくくさせるかです。

もし、今の状況で結果が出なかったら、何を変えるといいのか。

新しい技術を覚えるといいのか。

それとも逆に、球種が多すぎて何を投げていいかわからなくなっているのか。

後者なら、得意な球種だけ残して、そこそこの球種は捨ててしまうという選択もありえます。どっちつかずになっている選手もいるのです。

なんでも投げられるからといって、すべてが通用するわけではありません。それなら、自信のある上位４つの球種を徹底的に磨くというやり方もあるのです。投手それぞれに合ったやり方を見つければいいのです。

野球はスピードコンテストではない

投手の見直すべき最たるものが、スピードに対する考え方です。

球場に足を運んでプロ野球の試合を観戦したことがあるファンの方なら、試合中、投手が投げたあとにすぐ振り返ってスコアボードを見ているシーンを目にしたことがあるかもしれません。あれは自分の球速を確認しているのです。

速球派の投手の中には、スピードコンテストをしているケースがあります。打者を抑えることよりも、自己最速が出たかどうか、余計なことばかり気にしているのです。そういう投手のことを、ファンはよくわかっています。スタンドから「球速なんて見てないで、ストライク入れろよ！」と野次が飛んできます。

「今日は何キロ出たの？」と聞くと、即答する投手がいます。それで満足して、試合で打たれたら話になりません。そういう選手に限って、「今日は何キロ出たのに打たれちゃった」と言います。

もちろん球は速いに越したことはありません。しかし、プロの打者は、ストレートだとわかっていれば、どんなに速くても打ち返します。大谷翔平選手が１６０キロを投げても、なかなか三振はとれないのです。打者は当ててきます。なぜか。今の打者は性能のいいマシンを使って練習しているので、速い球に目が慣れているのです。

ストライクはいつでも投げられること。これがプロの投手の最低条件だとわたしは思っています。いくら球が速くても、ストライクゾーンに投げられなければプロの投手とはいえません。

たとえ１６０キロの球を投げられても、フォアボールを出してしまったら意味がありません。

野球はスピード競争ではないのです。

ストレートだとわかっていてもプロの打者が打てなかったのは、近年では全盛期の藤川球児投手と杉内俊哉投手くらいです。

藤川投手のストレートは別格でした。打者の手元で浮き上がるように伸びるので、「火の玉ストレート」と呼ばれていたくらいです。あれは投げていて気持ちよかったでしょう。ストレートだとわかっていても、打たれないのですから。わたしなんて、ストレートだとわかっていたら、打者のいい餌食になるだけです。わたしも一度でいいからあんな球を投げてみたかったと思います。

杉内投手はスピードこそありませんが、抜群にキレがいいので空振りをとれました。それくらいのストレートを持っている選手だからこそ、ストレートで勝負ができるのです。超一流選手の戦い方です。そうでないのに球速ばかり気にしていては、プロでは通用しません。考え方を変えるべきです。

大量失点は、フォアボールから

みなさんは、プロ野球で大量失点になるのは、どんなときだと思いますか？　ヒットやホームランを次々と浴びたときだと思うかもしれません。

確かに、３ランホームランや満塁ホームランが大量失点につながるケースはあります。９回裏の逆転劇で見たことがあるでしょう。ところが実は、連打で大量失点になることは、そう多くはありません。ヒットだけだと、失点はほんとうに少ない。５連打以上続くことは、まずありません。それも当然です。前にも書いたように、投手と打者の対決は７割投手が勝つのです。

ではなぜ、大量失点するのか。それはフォアボールやデッドボールがあるからです。フォアボール↓フォアボール↓ホームラン、あるいはフォアボール↓ヒット↓フォアボール↓ホームランといったのが崩れるパターンです。ヒットとフォアボールのサンドイッチが大量失点の引き金となります。

わたしが2006年に巨人の一軍投手コーチになったとき、前年のチーム防御率は4・80でした。それが4年目の2009年のシーズン防御率は2・94に下がったのです。この変化もあって、この年は日本一に輝きました。

どうしてチーム防御率を下げられたのか。簡単です。

フォアボールを減らしたのです。

わたしはコーチになったとき、前年の巨人がおこなった144試合すべてを調べました。チーム防御率が4・80の年、フォアボールで出したランナーがホームに返ってきた失点が180点ほどありました。ということは、単純に考えればフォアボールをなくすだけで失点が180点減るわけです。

この年のデータをひもとくと、8連打が1回、7連打が1回ありました。それ以外は5連打以内でおさまっていました。連打だけによる大量失点は年に2回しかなかったわけです。

球の速い人は、コントロールをつければ鬼に金棒です。たとえば、マー君ことニューヨークヤンキースの田中将大投手はスピードがあって、コントロールもいい。スライダーもフォークもキレる。すばらしい投手です。日本時代に24連勝しましたが、それも当然でしょう。

球の速い人は、コントロールがつけば20勝できるということです。それなのに、なぜかやらない。不思議で仕方ありません。元々才能があるからこそ、スピードという武器に頼ってしまうのでしょう。ほんとうにもったいないないと思います。

素質がないなら、武器を持つしかない

わたしの場合、入団してすぐに安田さんといういいお手本と出会えました。安田さんを見て、自分が持つべき武器に気づいたのです。それがコントロールです。

１５０キロの剛速球は、素質がなければ投げられません。しかし、コントロールに素質はいりません。練習すればだれでも手に入ります。

この武器を持つというのが大切な考え方です。

たとえば、「バントの神様」と呼ばれ、巨人と中日で通算５３３本の犠牲バントを

決めた川相昌弘(かわいまさひろ)という選手がいました。

川相選手は遠くに飛ばす力も速い足もありませんでした。しかし、バントという武器を磨きに磨くことで球史に名を残す超一流選手になったのです。

素質が超一流ではないなら、武器を持ち、その武器を磨くために行動すること。

これが、一流選手に成長していくための条件です。

投手であるわたしはコントロールを選びましたが、ほかにもタイミングを崩す、変化球を磨く、球の出所を見えにくくするなど、人それぞれやり方があります。自分に合った武器を持つということが大切です。

超一流の素質がなければ、武器を強みに生きていくほかありません。

考え方を変えるために必要な3つのこと

それでは考え方を変えるために必要なことは何か。ただ漠然と「考え方を変えなければ」と思っていても、何から手をつけていいのかわからず、行動できません。

そこでわたしは、考え方の質を高めるために必要なことを3つに分けました。

「求めるものを明確にする」
「目的を成し遂げるための目標を設定する」
「目標を達成するための計画を立てる」

これは先述したアチーブメントピラミッドに基づく考え方ですが、日々の実践の中で目的からブレてしまうこともあります。そんな時、「セルフカウンセリング」をおこなうことで、目的・目標から一貫した行動がとれるのです。

1. 自分が何を求めているのかを考える。
2. そのために「今」何をしているのかを考える。
3. その行動は求めているものを手に入れるのに効果的かを考える。
4. もっと良い方法がないか考え、実行する。

これらを毎日自分に問いかけることで目的目標達成型の考え方に変わっていきます。

「どんな選手になりたいのか？」を聞く

「どういう野球選手になりたいの？」

巨人の二軍コーチになったとき、わたしは入団してきた選手にそう問いかけることから始めました。「求めるものを明確にする」ために、選手の願望を聞くわけです。

技術を教えるより、どんな選手になりたいのかを知ることのほうが先なのです。

技術の改善点なんて、コーチならだれでも見ればわかります。あらゆる選手を見てきているのですから、「こういうのを苦手にしているな」「ここを直さないといけないな」ということを見つけるのは、難しいことではありません。

しかし、選手の願望がわからないままコーチが一方的に直してしまったら、選手の思いとは違う方向に進んでしまいかねません。どうなりたいかによって、練習のやり方が変わるのです。そうしないと、ただこなしているだけの練習になってしまいます。

同じ練習メニューをこなしていても、ただやっている選手と、「自分はこうなりたいから、今、こういうことをやっている」という目的意識がある選手とでは、練習の効果が格段に違います。伸びるか伸びないかは、この差が大きいのです。

しかし、多くの選手たちは子どものころから「やらされる練習」に慣れています。彼らには自分で考えて練習する習慣がありません。

自分はどうなりたいのか？

そのためにどうすればいいのか？

ほんとうは、彼らの中にもこうした思いがあるはずです。

受身の練習にならされていて、考えないようになってしまっている面があるのです。

まずは、目指すべき選手像を明確にすることが出発点です。

24年先を見据えていた菅野投手

「どういう野球選手になりたいの？」という問いに、新人は意外と答えられません。

ただ単にプロに入って満足している選手、なんとなく一軍に入ることを目指している選手が多い。あいまいな思考で入団してくるのです。

それなりの素質があって、高校や大学、社会人で活躍すればプロには入れます。プロに入ることよりも、プロで活躍することのほうが断然難しい。それなのに、プロに入ったことだけで満足してしまう選手すらいるのです。

プロで活躍できるかどうか。それは、自分がどうなりたいかを明確に持っているかどうかにかかっています。

巨人のエース・菅野智之(すがのともゆき)投手が入団してきたときも、どんな選手になりたいか聞いてみました。驚いたことに、菅野投手はなんと24年先の自分の姿まで想定していました。菅野投手は考え方も別格なのです。菅野投手は一流の素質に加えて、考え方も行動も一流です。だから日本を代表する投手に成長したのです。

「自分はこうなりたい」と明確な意志を持って入ってくる選手は伸びるのです。

質問しながら、目指す選手像を明確にしていく

新人にどんな選手になりたいかを聞いたときに多いのは「一軍に行きたいです」という答え。しかし、それではあいまいです。

そこで、わたしは1つずつ質問しながら目指す選手像を明確にすることにしました。

「じゃ、一軍に上がるだけでいいの？」「一軍で投げるだけでいいの？」と具体的に確認していくのです。

一軍の投手にはさまざまな仕事があります。先発もあれば、敗戦処理もあれば、ワンポイントもあるのです。一軍といっても活躍の場は1つではありません。

「じゃ、リリーフでいいの？」

「勝ちパターンなの？」

「敗戦処理なの？」

と聞いていくと、

「いや、先発ローテーションに入りたいです」という希望が出てくるわけです。

「先発ローテーションに入って、何勝したいの？」

「ローテーションに入るなら、少なくとも二ケタは勝たないといけないけど？」

と質問を重ねていきます。

10勝を目指す選手もいれば、20勝を目指す選手もいます。それによって練習が異なります。中には抑えのエースになりたいという投手もいるでしょう。それぞれの思いや目指すところがあります。共通しているのは、目的を明確にしなければ、そこには到達できないということです。

目的到達のための目標・計画づくり

次に「目的を成し遂げるための目標を設定する」です。

たとえば先発ローテーションに入って15勝したいならば、

「いつ15勝したいの？　急にはできないでしょ。じゃあ今年は何勝したい？」

とさらに目標を明確にしていきます。

「3年後に15勝したいです」

となれば、そこから逆算して1年目は5勝、2年目は10勝、そして3年目に15勝という目標を設定できるのです。

とはいえ、新人は一軍に上がっても最初は敗戦処理です。よほどのことがなければいきなり先発ローテーションには入れません。

「一軍に上がるのはどのへんの時期に設定するの？」

「8月にするなら、今からの4か月間の課題は何？」

といった具合に、長期目標から短期目標へと落としこんでいきます。なんとなく目標を設定しても、選手は伸びません。

そして3つ目が「目標を達成するための計画を立てる」です。選手の思いを吸い上げて、具体的なスケジュールを組むわけです。この計画のもとになっているのは、選手たちの目標です。「コーチにやらされている」のではなく、「自分の目的の達成のために練習する」という意識が自然と芽生えていきます。

そのあとは、練習のときに選手を観察して、やるべきことをやっていなかったら、

「この目標を掲げたのは自分だろ。やらない理由は何？」

とフィードバックをかければいいだけ。いかに正しい考え方に基づいて正しい行動

ができるように導いていくか。これがコーチの仕事なのです。

行動の質を高める方法

どんなにいい考え方を持っていても、行動に移さなければ何も生まれません。絵に描いた餅に終わってしまいます。

考えていることと行動。この2つをいかに一致させるかが問われます。

それでは行動の質を高めるにはどうしたらいいのか。大切なことが3つあります。

「目標達成に直結した行動をとること」
「プライオリティマネジメント」
「自発的な行動をとること」

まず、常に自分が求めているものに直結した行動をとっているかどうか。これを自分自身で常にチェックしなければなりません。

ダーツを思い浮かべてください。的がないところでただ投げていても、何も上達しません。面白くもありません。的をめがけて投げるからこそ、上達するわけです。ところが、的のない所でダーツの練習をしているような選手が少なくありません。先ほど触れたスピードコンテストをやっている選手がそうです。野球は球の速さを競うスポーツではありません。大切なのは、試合に勝つことです。

同じ練習をおこなうにしても、目的意識を持ってやっている選手と、ただメニューを消化している選手では、効果に差が出ます。やっていることは同じでも、効果が異なるのです。取り組んでいる本人が「おれは今、なんのためにこれをやっているのか」と思っているかどうか。目的意識があれば、やるべきことが明確になり、「もっとこうしたほうがいいんじゃないのかな?」という工夫が生まれます。そうするとうまくなっていくスピードが速くなるのです。

目的意識がないと、「今日はうまくいった」「今日はうまくいかなかった」と一喜一憂するだけで終わり。進歩がありません。そういう選手が多いのは残念です。

大まかにいうと、プロ野球に入ってきた選手の2割が一軍のレギュラーになり、2割が一軍と二軍を行ったり来たり、6割は一軍に上がれないままやめていきます。

中には、二軍慣れしてしまう選手もいます。プロ野球選手になっただけで満足してしまったり、一軍に上がるのをあきらめてしまったりして、二軍生活に物足りなさを感じなくなってしまうのです。

そうならないためにも、目標達成に直結した行動が不可欠です。

プライオリティマネジメント

行動の質を高めるために大切なことの2つ目が優先順位をつけること。

優先順位の付け方は、80対20の法則を基に考えます。イタリアの経済学者ヴィルフレド・パレートが、2割の要素によって全体の8割が生み出されていることを発見した経験則としてご存知の方も多いでしょう。20パーセントの最優先事項に力を注ぐことで、成果の80パーセントが生まれるのです。では、どうしたら重要な20パーセントの事柄がわかるのでしょうか？　そのためにおこなうのが「プライオリティマネジメント」です。

134ページの図2を見てください。一般的なプライオリティマネジメント表です。

第一象限は、緊急であり、なおかつ重要なもの。

第二象限は、重要だけれど、緊急ではないもの。

第三象限は、緊急だけれど、重要度が低いもの。

第四象限は、緊急性も重要性も低いもの。


だれもがまずは第一象限からスタートさせるはずです。

問題は、次にどこに手をつけるか。多くの人は第三象限に手をつけます。ところが、これでは目標は達成できません。

最大のキーポイントは、第二象限です。第二象限を優先できるかどうかが、目標達成を左右するのです。

図3がプロ野球界のプライオリティマネジメント表です。

チーム力の差がつくのは、第二象限です。いかに二軍の選手を鍛えるか。これがチーム力を左右するのです。ところが、第二象限はあとまわしにされがちです。

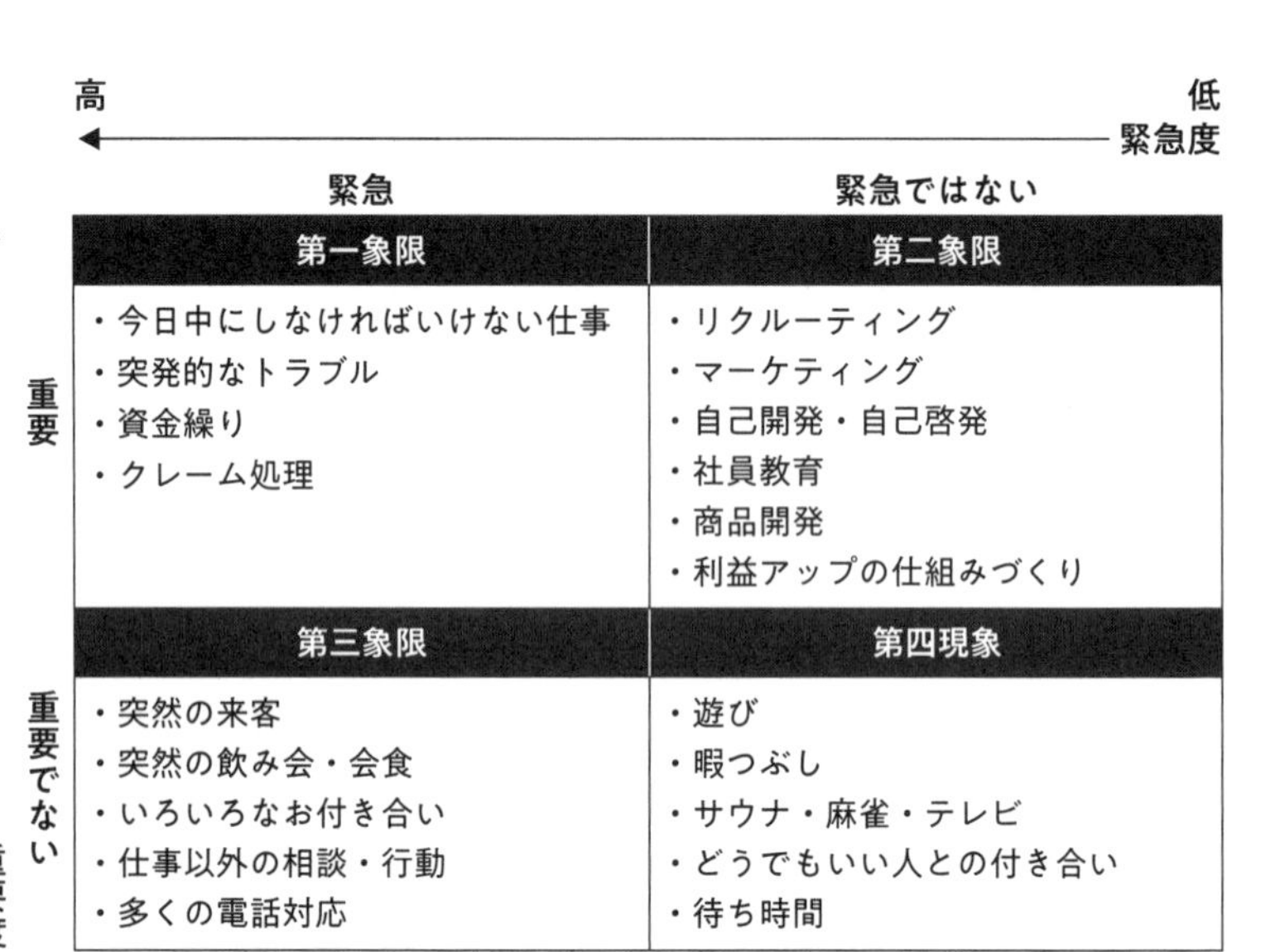

	緊急	緊急ではない
	第一象限	第二象限
重要	・今日中にしなければいけない仕事 ・突発的なトラブル ・資金繰り ・クレーム処理	・リクルーティング ・マーケティング ・自己開発・自己啓発 ・社員教育 ・商品開発 ・利益アップの仕組みづくり
	第三象限	第四現象
重要でない	・突然の来客 ・突然の飲み会・会食 ・いろいろなお付き合い ・仕事以外の相談・行動 ・多くの電話対応	・遊び ・暇つぶし ・サウナ・麻雀・テレビ ・どうでもいい人との付き合い ・待ち時間

図２　一般的なプライオリティマネジメント表

第一象限	第二象限
・監督と打ち合わせ・試合のシミュレーション ・トレーナーミーティング ・相手打者・投手の攻略法のミーティング ・ピッチャーのコンディションの確認 ・各投手の癖の確認	・二軍の教育 ・選手の技術力の向上 ・課題の克服 ・新しい球種の習得 ・体力強化 ・配置転換
第三象限	**第四現象**
・突発的な発熱・体調不良 ・突然の来客 ・突然の飲み会・会食 ・突然の取材・インタビュー ・緊急のファンサービス	・サウナに入る ・雑誌を読む ・暇つぶし ・目的なくテレビを観る ・無駄話

図３　プロ野球界のプライオリティマネジメント表

２０１８年に日本一になったソフトバンクはシーズン中、内川聖一選手とデスパイネ選手が故障で離脱しました。２人とも主軸中の主軸の打者です。それでも日本一になったということは、控えの選手たちも力があるからです。

強いチームは第二象限に力を入れているのです。

キャッチボールの１球目から変化球でもいい

個人の練習でも、プライオリティマネジメントが欠かせません。

練習の中で、自分が意識してやらなければいけないものを決めなければいけません。基本的に練習はチームの練習メニューに沿っておこないますが、自分は今これを一番やらなければならないというメニューになったときは、それを意識してやるべきです。

ピッチングの場合、変化球をすべてストライクに入れることが優先順位の一番なら、それからやっていい。ほかの投手は直球から投げていても、自分はすべて変化球を投げればいいのです。

極端にいえば、キャッチボールの１球目から変化球の練習をしてもいい。クイックで投げるのが苦手なら、キャッチボールの1球目からクイックで投げてもいい。そういうふうにして自分の優先順位一番のものからやればいい。

「なんでまっすぐから投げないといけないんだ?」と選手に問いかけることもあります。自分が変化球を磨きたいなら、変化球を1球目から投げればいい。クイックを練習しなければならない選手が、1球目から大きく足を上げて投げたら、ズッコケます。やりたい練習をやるのか、それともやるべき練習をやるのか。

自分の練習に優先順位をつけるべきです。

ただ、高卒1年目の選手がいきなり優先順位をつけて練習できるわけではありません。選手一人ひとりが求めているものを手に入れるために行動できているかどうかは、コーチがチェックしなければいけません。

こうしたことをチェックして、フィードバックしていくのがコーチの役目です。コーチが気づいてあげなければ、選手が気づかないこともあるのです。

自発的な行動をとる

3つ目が「自発的な行動」です。監督やコーチから一つひとつ言われなくても、自分の意思や判断、責任において行動することです。

伸びる選手は自発的な行動をとり、伸びない選手は指示を待っている。これは、プロ野球界に限らず、どの世界でも同じでしょう。

自発的な行動を奪うのは、第1章で紹介したSR理論に基づくアプローチです。強制・命令・一方的な指示・批判・責め・脅し・罰といった刺激を受けつづけると、人は自発性を失ってしまいます。

仕事でも、家庭でも、相手に命令したり、強制したりしていませんか？　それで相手は変わりましたか？　多分、変わらなかったと思います。「何度も同じことを言わせるな！」と自分の頭に血が上るのがおち。

強制しても、相手は変わりません。

自分から変わろうとしないと、人は変わらないのです。

「傾聴する・支援する・励ます・尊敬する・信頼する・受容する・意見の違いについて常に交渉する」という習慣を使ってはじめて、人は動きます。

とはいえ、若い選手はいきなり自発的に行動できません。だからこそ、目的を明確にして、目標を立てて、計画を立てて、自ら動けるようにするのです。

選手は自分から一歩を踏み出せないこともあります。そうした選手の背中を押してあげたり、前から引っ張ってあげたりするのがコーチの役目。それをきっかけに選手は自分で踏み出せるようになっていきます。

コーチの役目は、あくまで手伝いです。

バットを振りまくっていた若松さんと大杉さん

自発的な行動の質の高さで思い出すのは、ヤクルト時代の先輩・若松勉（わかまつつとむ）さんと大杉勝男（おおすぎかつお）さんです。

若松さんは、身長168センチと小柄ながら、通算2173本のヒットを放ち、「小さな大打者」「ミスタースワローズ」と呼ばれた名選手。大杉さんも通算2228安打・486本塁打を記録した大打者です。

わたしが入団したころ、キャンプやオープン戦、遠征などのときはホテルでは先輩と2人1部屋でした。わたしは入団3年目に若松さん、4年目に大杉さんと相部屋でした。2人ともよく素振りしていました。

若松さんはお酒が好きなので、飲みに繰り出すことが多かったのですが、飲みに出る前か、飲んで帰ってきたあと、必ず汗びっしょりになって素振りしていました。若松さんは「毎日300回は振る」と言っていました。

大杉さんは、ベッドの枕元にバットを置いて寝ていました。寝る前にグリップを握って、感覚がよかったら「よし」と言って寝る。朝起きて最初にやるのもバットを握ることでした。

ある晩、なにか音がするので目を覚ますと、「おい、頭を上げるな！」という大杉さんの声が聞こえました。夜中にツインベッドの間に立って、鏡を見ながら素振りしていたのです。しかも上半身裸になって、汗びっしょりで。ブワッ、ブワッとものすごい音でした。頭上でバットが振られているのですから、わたしがゆっくり寝ていられるはずもありませんでした。「この野郎、平松」とかなんとかつぶやいていたのを覚えています。切れ味鋭い「カミソリシュート」で知られた大洋ホエールズの平松政次投手のシュートに詰まらされでもしたのでしょう。シュートの打ち方をイメージしながら振っていたのかもしれません。

打者はバットを振ってナンボ。若松さんも大杉さんもほんとうによく振っていました。

自主的に練習する一軍選手たち

一流選手がよく練習するのは、わたしの現役時代も今も変わりません。

巨人の二軍のホームグラウンドであるジャイアンツ球場は、神奈川県川崎市のよみうりランド近くにあります。一軍の本拠地である東京ドームまで、クルマで40分もあれば着く距離です。都内の東京ドームや神宮球場で試合がある日は、巨人の一軍の選手たちの多くはジャイアンツ球場で練習してから球場入りします。打者なら打ちこんでから行くわけです。

とりわけ神宮球場でのビジターの試合のときは、必ずジャイアンツ球場で打ってから行きます。ビジターの試合の場合、2時くらいに球場に行けばいいので、それまで練習するわけです。巨人には、練習のためにわざわざジャイアンツ球場の近くに家を構えている選手もいるくらいです。


打者は振ったもん勝ち。

投手は投げたもん勝ち。

ウエイトトレーニングでコントロールがよくなった投手を、わたしは1人も知りません。投げてはじめてコントロールがつくのです。

ウエイトトレーニングでバットコントロールがよくなった選手もわたしは知りません。

確かにウエイトトレーニングで筋力は強くなります。筋力を鍛えるのも選手にとっては大事です。しかし、筋力と技術は必ずしも直結しません。

考え方と行動でブレイクした山口鉄也投手

考え方と行動で大きく伸びた選手のひとりが巨人一軍コーチ時代の山口鉄也投手です。

山口投手は元々、137〜138キロくらいしかスピードが出ませんでした。原因は、投球動作の早い段階から上半身がホームベースのほうに流れてしまうせいで、腕をきちんと振れなかったこと。体重を後ろに残して、腕を振るときに前に体重を移動しなければ、球にしっかり力を伝えられません。

わたしが巨人の一軍コーチ1年目のとき、左の投手がコマ不足でした。一軍で使える左投手を探そうと、原監督に頼んで、若手が集まるフェニックス・リーグを見に行かせてもらいました。そこで目にとまったのが、山口投手でした。山口投手を見て思ったのは、技術的なことを修正すればもしかしたら化けるかもしれないということです。142〜143キロは出るかもしれないと思いました。

フェニックス・リーグ視察のあと、秋季キャンプでは、山口投手を夜間練習で1人残しました。5メートルくらい先のネットめがけて、体が前に流れないように、後ろに体重を残してから投げるという動作を毎日繰り返させました。バッティング練習のとき、ボールが入っているオレンジ色の箱が置いてあるのを目にしたことがあるかもしれません。1箱180～200球入っています。1日ですべて投げました。

山口投手の投球フォームは、一度体重を残してタメをつくるようなスタイル。あれは、そのときの練習の名残です。

12月と1月の2か月間のオフに入る前のこと。

「山口、どういう選手になりたいの？」

「一軍で投げたいです」

「一軍で投げればいいのか？　建前を聞いているんじゃないんだよ。お前の本心を聞きたいんだよ」

「一軍のローテーションに入って投げたいです」

「そうだろ、そういう願望があるんだろ。そのために、2か月間、練習してこい。やってきたら、一軍のキャンプには連れて行くから」

わたしは、そう話しました。

2か月後の山口投手の投球を見たとき、ほんとうに練習してきたことがわかりました。それで一軍キャンプメンバーに入れたのです。

わたしは球団代表に「山口を支配下選手にしてください」とお願いしました。

「え？　山口ですか」と言われましたが、「絶対に大丈夫ですから」とお願いしてお願いして、2007年の春だったでしょうか、支配下選手にしてもらいました。

そこから、山口投手を少しずつ負けゲームで投げさせていったのです。

ブレイクのきっかけとなったのはプロ初勝利。2007年5月、甲子園球場での阪神戦でした。8回の裏に、1点リードされている場面で投げさせたのです。まだ1点という僅差で投げさせる投手ではありませんでした。原監督も「まだ1点差ですよ」とけげんな顔をしていました。

しかし当時、阪神には絶対的な守護神・藤川球児投手がいました。1点差で9回裏になれば、必ず登板してくるでしょう。

「藤川球児が来ますが、ひっくり返せますか？」

わたしは原監督に聞きました。あのころの藤川投手は、だれも打てっこないと思わせる投手でした。ここは逆転は苦しい。それに加えて、山口投手に1点差で投げさせたらメンタル的にどういう変化があるのかを見たかったのです。ここで投げさせることが、後半戦に役立つことを原監督に伝えました。原監督はGOサインを出してくれました。

山口投手は4人で抑えて戻ってきました。1点差でも自分のペースで投げられることがわかったのです。それだけでも収穫でした。次はもっと厳しい場面で使えるからです。すると、9回の表に巨人打線がひっくり返して山口投手に勝ち星が転がってきたのです。

勝ち投手になることは、投手の気持ちに変化をもたらします。勝ち投手になれば、自信になる。山口投手はそこから少しずつ変化していきました。

山口投手は、アドバイスを理解して、考え方を変えて行動を起こしました。すばらしいことです。

山口投手は、わたしがやっておけと言ったことをやり抜きました。すばらしいことです。しかし、同じ状況に置かれてもやらない選手もいます。どうしても楽なほうを選んでしまう。やらないといけないとわかっていても、ついつい楽しいほうに流される選手がいます。だから、プロを辞めざるをえなくなるのです。やることをやっていれば、生き残っていけるのです。

山口投手の球速は、最終的にはわたしが予想していた以上の147～148キロになりました。わたしもまさか10キロも速くなるとは思っていませんでした。考え方と行動を変えると、仕事のパフォーマンスは想像以上に伸びるのです。

山口投手は2007年は2勝2ホールドでしたが、翌2008年には11勝23ホールドと見事な成績をあげました。2008年から2016年まで9年連続で60試合以上登板。通算273ホールド29セーブ。防御率2・34。これが育成出身だからものすごく価値があります。

だれもが大きな伸びしろを持っているのです。可能性は無限大です。

斉藤和巳投手をエースにできなければコーチ失格

「このピッチャーをエースにできないようなら、おれはコーチ失格だ」

ホークスのコーチになって、斉藤和巳（さいとうかずみ）投手をはじめて見たとき、そう思いました。

1999年10月、リーグ優勝が決まったあと、何試合か残っていたときのことでした。「日本シリーズのために、だれかピッチャーはいない？」と二軍に問い合わせたところ、「斉藤というのが肩の手術から復帰して投げています。一度見てください」とのこと。一軍に呼んで7回の1イニングを投げさせました。そうしたら、1イニングで4つ三振を奪ったのです。4つなのは、振り逃げがあったからです。二塁打を2本打たれて2点くらいとられもしましたが、総合的に斉藤投手の投球はすぐれていました。そこで、「これは能力が高い。よし、こいつをエースにしよう」と思ったのです。

斉藤投手と話してみたところ、考え方にも芯がありました。少し生意気で頑固なところがありましたが、プロ野球選手はそれくらいがいいのです。

それからずっと、斉藤投手をエースにするべくかかわっていきました。

とはいえ、斉藤投手は肩を手術しています。もう一度、肩を壊したら選手生命が終わってしまう可能性が高い。慎重に起用する必要がありました。

斉藤投手を中心にローテーションを考えるとき、6人の投手が必要でした。移動日を含めて中6日以上空けると決めたからです。斉藤投手をエースとして据えるために、6人の先発を揃えました。

王監督には「和巳を中5日で登板させられないか?」と何度も言われました。わたしは「ダメです」といつも返事したものです。

自論としては、先発が6回100球くらいで交代する現在においては、先発5人で中5日で回すのがいいと思います。日本の今の試合日程では月曜日に移動日が設けられていることが多いので、1人が1ヶ月に一度、中4日で投げれば、スムーズに回せます。そうすれば、リリーフを一人増やす事ができ、リリーフの負担を軽くすることにつながるのです。

理想のエースとは?

エースとは何か。監督やコーチが黙っていても、チームの鑑となり、チームの力となり、チームを支えるピッチャー。それがエースだとわたしは思います。

技術的には、負けない投手です。

エースは負けない。

15勝しても、15敗したらいけない。なぜかというと、プロ野球は勝率で争っているからです。勝利数で争っているなら、負けてもいい。しかし、勝率で争っている場合は、１回勝っても、１回負けたら貯金ゼロです。たとえ勝ち星の多い投手でも、20勝20敗なら貯金ゼロ。勝率は上がりません。

真のエースは貯金する存在。10個貯金してくれるピッチャーは、ほんとうに助かります。20勝しなくても、15勝5敗でいい。10勝しかできなくても、0敗なら貯金10です。負けない、なおかつ勝つ。貯金がたくさんできるピッチャーがエースです。

ただ、ほかの投手が貯金をつかってしまうことがあります。だからこそ、エースは貯金しなければならないのです。10個貯金できる投手のことは、監督や指導者は全幅の信頼でマウンドに送り出せます。

技術以外の面では、監督・コーチといった指導者とのかかわり方、まわりの先輩や後輩とのかかわり方、そして行動そのもの。こうしたものが、だれが見ても「あの人の真似をしておけば大丈夫」というレベルの投手です。

あるいは、コーチが「あいつを見習え」と言える存在。後輩に対する一言ひとことに説得力のある投手です。

本物のエースに成長した斉藤投手

斉藤投手は、本物のエースに成長しました。

全盛期には、20勝3敗と1人で17も貯金したことがあります。コーチは何も言うことはありません。黙っているだけでいいのです。

斉藤投手は行動も発言もエースらしい責任感のあるものでした。

ただ、注意しなければならない点がありました。

それは「優勝するためなら肩を壊してもいい」というくらいの強い思いで投げていたこと。それくらい勝ちへの思いが強かったのです。だからこそ、こちら側がブレーキをかける必要がありました。コーチは通常、選手に対して「もっとがんばれ」と発破をかけるものです。ところが斉藤投手の場合は正反対。もっとやろうとするのを止めなければならないのです。

斉藤投手の後輩には、新垣渚（あらかきなぎさ）、和田毅（わだつよし）、杉内俊哉（すぎうちとしや）といった若手がいました。こうした若手投手たちに対して、斉藤投手は試合のあとに「あれくらいの点差だったら、完投しないといけないんじゃないの？」と話していました。

今なら、6回まで投げたらいい仕事したよね、というのが一般的な考え方。しかし、斉藤投手は「6回までで確かにいいかもしれないけど、自分の中に最後まで投げるという気持ちがあったかどうかが大事だ」と言ってくれたりしました。

エースの言葉なら、選手たちは受け止めます。

斉藤投手が考える基準は高い。そうすると、「あれくらいの点差ならおれは完投しないといけない」というのが投手陣全体の考えの水準になるのです。エースが選手たちの考え方のレベルを上げていく。まわりにもいい影響を及ぼすのです。チーム全体のレベルも上がります。

基準が高い選手がまわりに与える影響は大きいのです。

トップの考え方が組織の基準を上げる

これは会社組織も同じではないでしょうか。

社員の目指す基準が低い会社の人は、基準が高い会社を見て「そんなことまでやってるの？」「大変だね」と思うでしょう。ところが、基準が高い会社の社員にとっては当たり前のこと。大変でもなんでもありません。

逆に、基準の高い会社の社員が基準の低い会社を見ると、「ずいぶんとレベルが低い会社だな」と思います。

これが組織のレベルの差です。

その差はどこから来るのか？　それはすべて考え方です。トップの考え方です。

チームの監督の考え方であり、コーチの考え方であり、選手なら選手のトップの考え方。選手のトップが投手ならエース、打者なら４番。そういう人間がどう発信するかです。

斉藤投手は自分で発信する選手でした。なおかつ試合で点差が開いていれば完投すると自ら決めていました。完投させるかの最終判断は監督がくだしますが、少なくとも自分では最後まで投げるつもりでした。

それほどレベルの高い斉藤投手でしたが、時にファールを多く打たれて球数が増えてしまうことがありました。そんなときは、コーチであるわたしがブレーキをかけて、交替させなければなりませんでした。そういうときでも、斉藤投手は「この点差で交替ですか？」と不満げに言ったものです。

球数をそれ以上投げさせられない。二度と手術はさせないと決めていたのです。だからブレーキをかけました。故障の経験がなければ、「行け！」と言ったかもしれません。しかし次の試合もあるのです。ペナントレース１４０試合前後トータルで考えるのが私たちの仕事。エースは故障して休まれると困ります。エースの代わりはいないのですから。

エースは、基準自体を上げてくれる存在です。

考え方のレベルが上がらなかったら、組織レベルは上がりません。なあなあでは、組織レベルは絶対に上がりません。
会社でも、トップの考え方の基準が全体のレベルアップにつながるのです。

王監督の逆鱗に触れた日

わたしがダイエーホークスのコーチになった1999年は、王監督の5年契約の最終年でした。優勝しなければ、王監督はユニフォームを脱がざるをえない状況だったのです。

当時、野球界では1リーグ制への移行がまことしやかにささやかれていました。セ・リーグは巨人の長嶋監督。パ・リーグはホークスの王監督。この二大スターが監督を務めていたから、プロ野球が盛り上がっていたのです。

わたしは、日本シリーズは絶対に王・長嶋のON対決にしなければならないと思っていました。ホークスがパ・リーグで優勝できず、王監督がユニフォームを脱ぐようなことがあったら、間違いなく1リーグ制になると思っていました。セ・パ全12球団を8球団にして、1リーグ制に移行するという話が水面下で進んでいたからです。わたしは、それを阻止するためには、ホークスが優勝するしかないと思って必死にシーズンを戦っていました。

優勝したいという思いが強すぎたせいか、シーズン中、王監督と何度もぶつかりました。

最大の衝突は、忘れもしない1999年の9月7日のことでした。

そのとき、ホークスは首位でしたが、わずか0・5ゲーム差で西武に詰め寄られていました。とにかく今日の試合を勝たなければならない。ひっくり返されたら、再びひっくり返すだけの底力はホークスにはないとわたしは思っていました。

というのも、西武は1990年代に何度も日本一になったチーム。土壇場での強さがありました。片やホークスは南海時代を含めて20年以上優勝から遠ざかっていました。ここでひっくり返されてしまい、優勝を経験したことがないホークスの選手たちの間に「やっぱり西武か〜」「ここまでか〜」とあきらめムードが漂うのがこわかったのです。1つにまとまっていた団結の絆から1人抜け、2人抜けとなっていくと、チーム力が一気に低下します。優勝経験のある選手たちの集団なら「まだまだおれたちは行ける！」と踏みとどまりますが、そうでない選手たちはあきらめてしまう可能性が高い。

試合前には、監督の部屋に行って、その日の試合のシミュレーションをします。

「今日は何がなんでも勝つ采配をしてください」

その日、わたしは王監督にお願いしました。

それはどういうことか。王監督は5回までバントという作戦を使わない監督でした。早い回は選手たちに自由に打たせたいという考えだったのでしょう。

「初回からチャンスがあれば、バントで送って1点ずつ積み重ねる野球をしてください」

わたしは、そう王監督にお願いをしました。わたしは投手コーチですから、作戦のことに口をはさむのは越権行為です。わたしは、言うと決めたからにはクビを覚悟で言いました。わたしのクビとは比べものにならないくらい、王監督がユニフォームを着つづけること、プロ野球が12球団で2リーグ制を維持することのほうが大切だと考えたからです。

王監督は最初のうちは「そうか、そうだな」とうなずいていました。ここまでならよかったでしょう。ところが、わたしは余計なことを口走ってしまいました。チャンスでバントで送っていれば勝ったであろう試合が、その年に5～6試合ありました。わたしはあくまでも例として出したつもりでしたが、監督は采配を批判されたと思ったらしく怒りを爆発させたのです。

王監督はあの大きな目をひんむいて「おれが監督だ。おれが采配するんだ！」と怒鳴りました。「すみません」と謝りながらも、間違ったことは言っていないと思っていたわたしは、つい「監督！」と指をさし返して、「僕が言わなければ、だれが監督に言うんですか！」「僕の言っていることが間違っているんですか！」と返しました。若かったのです。

王監督は心に引っかかることがあったのでしょう。少し無言になったあと、ポツリと言いました。

「そうだな、わかった、それで行こう」

そのあとの全体ミーティングで、王監督は自ら「今日の試合は特別だよ。初回からチャンスがあったらバントのサインを出すから、見逃さないでくれ」と言ってくれたのです。

試合が始まると、ほんとうにシミュレーション通りに初回からチャンスが訪れました。王監督はバントの指示を出しました。そして、バントで送って1点ずつ積み重ねる野球ができたのです。

その結果、5対1で勝ち、首位を守りました。そこから9連勝してリーグ優勝したのです。さらに日本シリーズでは中日ドラゴンズと対戦して、4勝1敗で勝ち、日本一になりました。

中日のホームの名古屋で日本一になったあと、わたしはホテルの王監督の部屋を訪れて、辞表を提出しました。越権行為をした責任をとるためです。

すると王監督は「なんだこれ？」と言って、辞表をテーブルにポンと投げ、

「ありがとう。君のおかげで日本一になれたよ。おれは君のやりやすいように考えているんだ。来年も頼む」と言ってくださいました。

まさかそんな言葉をもらえるとは思っておらず、感激しました。


なぜ王監督はわたしを許してくれたのか、自分なりに考えてみました。

1つは「日本一」という目的達成のために監督と本気で接したこと。それまでもいろいろなコーチが王監督と接していますが、クビ覚悟で意見したコーチはそう多くはないでしょう。

2つ目は、私利私欲による進言ではないこと。監督のため、チームのための発言だと監督が受け止めてくれたのではないでしょうか。

そして何より王監督の度量の大きさがあったからです。面と向かって越権行為をした相手を許すのは、一流であってもたやすいことではないでしょう。


2年目からは、ほんとうに投手のことをすべて任せてくれました。

その代わり、わたしは常に中間報告を監督にするようにしました。「投手陣は今、こんな状態です。この選手にはこんなことをやらせていますが、これが目的です」と逐一報告しました。

王監督が信頼して任せてくれたならば、こちらからもしっかりと情報をお渡ししようと思ったのです。

第4章

伸びる選手・伸びない選手

――選択理論的アプローチによる育成

選択理論的アプローチは、プロ野球界初!?

プロ野球界で、外的コントロールを使わずに選択理論的なアプローチを実践した前例は多分、ないでしょう。巨人の二軍コーチとしての仕事は、わたしにとってすべてが挑戦でした。

「もっと厳しくしてください」

あるとき、二軍監督にそう言われたことがあります。野球に限らず、スポーツ界は外的コントロールが当たり前の世界。まわりの指導者たちは、上から抑えつけることなく、選手の自発性を引き出すような指導の経験がありません。選択理論を知らない人からすると、「厳しさが足りない」と見えてしまうのは仕方のないことです。

厳しさとは、怒鳴りつけることでしょうか？

罰を与えなければ、選手は育たないのでしょうか？

選手たちの多くは、小学生時代から監督やコーチに怒鳴られてきたはずです。選手たちは、怒られなれています。怒鳴られなれています。

それでは、「自分は何を目指しているのか?」「その実現のためにやるべきことをやっているのか?」と考えた経験があるでしょうか。きっとないはずです。

「なぜやらないのか?」を振り返るというのは、決して楽なことではありません。自分自身と向き合うほうが、よっぽど厳しい。コーチから言われたことだけをやっているほうがむしろ楽です。怒鳴られるほうが、選手にとっては楽かもしれません。

2013年から巨人の二軍で実践してみた選択理論的アプローチ。3年間続けた結果はどうなったのでしょうか。

プロ入り初勝利の投手が5人、毎年1人ずつですが個人タイトルも取ることができました（防御率・勝率・最多セーブ）。3年目の結果は、二軍のイースタンリーグでのリーグ優勝。その原動力となった投手陣はイースタンリーグのチーム防御率1位になりました。

若い選手たちの自発性を引き出す指導によって、結果を出せたのです。

前例がない挑戦だっただけに、リスクもありました。

結果を出せなければ、単に「尾花はやさしいだけのダメなコーチ」というレッテルを貼られて終わる可能性があったのです。

それでも、外的コントロールを使わずに結果が出せました。

何をしなければいけないのか。どうやったらうまくいくのか。外的コントロールを使わなくても、自発性を引き出すことによって、選手たちは伸びていくのだと証明できたのです。

怒鳴ったり、罰を与えたりしなくても選手が伸びていくのなら、そのほうがいいことは疑うべくもないでしょう。選択理論的なアプローチに確信を持てました。

わたしは、外的コントロール（SR理論）と内的コントロール（選択理論心理学）の両方を経験しました。両方経験して感じたことは、外的コントロールによる関わりでは、「間違えたらどうしよう」「ミスをしたらどうしよう」「失敗したらどうしよう」

といった「恐れ」が生まれるということです。

一方、選択理論心理学による関わりでは、その恐れがなくなり、目標に向かって自ら考え、チャレンジできるようになりました。

もちろん、すべての選手がすぐにできるようになるわけではありません。それでも指導する立場にある人は、選手や部下に対して、恐れを持たせないように関わることが大切です。

「恐れ」を持たせるかかわり方では、まずチャレンジができなくなります。チャレンジをしないということは、新しいものが生まれないということです。新しいものが生まれないと、組織は衰退していきます。自発的な行動ができず、言われたことしかしなくなるのです。目標達成のモチベーションが下がるばかりでなく、上司と部下、選手と指導者の心の距離も広げてしまいます。

こうした関わりには何ひとついいことはありません。ですから、すぐにやめることが大切です。

選手の可能性を引き出すのは指導者の使命

外的コントロールを使わなくても選手が伸びるというと、誤解する方がいるかもしれません。

外的コントロールを使わないとは、ただやさしく接することとは違います。

選手の自主性を引き出すからこそ、伸びるのです。

ということは、コーチに選手の自主性を引き出す力がなければ、選手は伸びません。それでは、選手の力を引き出すにはどうすればいいか。質問していけばいい。質問して、自分が何をすればいいのか引き出して、そのための行動に移せるように導けばいい。やるべきことをやっていなければ、フィードバックをかけて、軌道修正すればいいのです。

そもそも、コーチに何も言われなくても、自分自身でやるべきことをやっている選手もいます。

代表例が巨人のエース・菅野智之投手です。ストレートのキレがいい。変化球も一つ一つ質が高い。コントロールもいい。すべてのレベルが高い。しかも考え方のレベルも高い。そして行動する。言うことなしです。あの方程式を思い出してください。

素質×考え方×行動＝仕事の質

菅野選手は、素質・考え方・行動のすべてが一流です。だから日本を代表する超一流選手になったのです。

菅野投手のような選手は、任せておいたほうがいい。下手なアドバイスはしないほうがいい。放っておいても自分でやるからです。菅野投手がコーチから怒られることは、まずないでしょう。

これまでも、外的コントロールのもとで伸びる選手はいました。しかし、それはほんとうに強制したから伸びたのでしょうか？　もともと選手自身に一流の素質と伸びる力があったのではないでしょうか。

強制されようが、されまいが、伸びたのではないでしょうか。

放っておいても伸びてくれるなら、それに越したことはありません。

しかし、プロに入ってくる選手全員に菅野投手のような超一流の素質と考え方、行動が揃っているわけではありません。

指導者が外的コントロールを使うことなく、いかに選手が持つ可能性を引き出せるか。ここにこそ、選手の伸びが大きく左右されるのです。

高卒新人は3年計画、大卒は即戦力

毎年、秋のドラフト会議の時期になると、有望選手をどの球団が指名して交渉権を獲得するのか、スポーツニュースをにぎわせます。春季キャンプに入れば、ルーキーの話題で持ちきりです。

プロ野球には、毎年新人が入ってきます。ところがプロ野球選手の人数は、毎年ほぼ一定です。ということは、入ってくる新人の数だけ、チームを出ていく選手がいるのです。10人入ってくれば、10人が出ていきます。これが現実です。プロに入ったからといって、いつまでもチームにいられるわけではありません。

一般の企業なら、5年後、10年後を見据えて、将来の核となる社員を育成することでしょう。

プロ野球はそうはいきません。大学や社会人出身の選手なら、即戦力とみなされます。一般企業でいえば中途採用です。1年目からある程度の結果を求められます。

高卒ルーキーはさすがに1年目から1軍で活躍するのは極めて例外的。過去を振り返っても、高卒でいきなりエース級の活躍をしたのは松坂大輔投手や田中将大投手ら数えるほどです。

高卒ルーキーの場合、3〜4年のスパンで育成するのが基本。それくらいで芽が出なければ、忘れられます。

目安は、同学年で大学に進んだ投手との比較です。高卒で入って4年後、大学4年間を経てプロに入ってきた選手と比べて成長しているかどうか。これが基準になります。

毎年、新しいドラフト1位、2位が入ってきます。監督もコーチも、そしてファンも、新しい選手に目がいきます。

高卒の場合でも、遅くとも3年目にはまわりから期待される選手にならないといけません。

わたしが巨人の二軍コーチになって2年目に、3人の新人が入ってきました。田口麗斗、平良拳太郎（たいらけんたろう）、長江翔太（ながえしょうた）（のちに打者に転向）です。このうち高卒で入ってきた2人を3年計画で育てることにしました。

3年目で一軍に入り、4年目から先発ローテーションに入るというのが目安です。

ただ、選手によって素質は異なり、目標設定も異なります。

球の速さや変化球のキレ、コントロールといったことは、選手が投げるのを見ればわかります。そこから、「これくらいは勝てる投手に育てなければ」というのが見えてきます。コーチとして、わたし自身の中で目標を決めるのです。

基本となる練習メニューは共通ですが、投手は肘や肩を故障する危険があります。細心の注意を払わなければなりません。このため、一人ひとりの様子を見て、メニューを調整しました。

「今日はやめたほうがいいんじゃない？」

「今日は80球の予定だったけど、40球にしたほうがいいね」

といったこともありました。逆に「球数をもう少し増やしたほうがいい」となれば、増やすわけです。

3か月ごとにメニューを見直す

よかれと思って計画を立てて実践したものの、結果が出なかったり、下手するとマイナスに働いたりすることもあります。

そこでわたしは計画を3か月単位で区切ることにしました。3か月やってみて、成果が出ているかどうかを確認するわけです。

選手にも、器用なタイプと不器用なタイプがいます。器用なタイプは練習の成果がすぐに表れます。不器用な選手は時間がかかります。

器用な選手は1か月もすれば練習の成果が出てきます。そのとき、改めて練習内容や方法を検討します。

不器用な選手は1か月では成果が出ません。ただ、いくら不器用な選手だからといって、3か月やって成果が出なかったら、計画を見直す必要があります。わたしがよかれと考えてメニューに組みこんだことでも、思いきって変えなければなりません。

過去にも2人、わたしの計画した練習メニューではまったく成果が出ない選手がいました。もちろん、わたし自身はよかれと思っていたことですし、選手とも確認しながらやっていました。それでもうまくいかないことはあります。そうなったらメニューを変えるしかありません。

たとえば、ストレートは速いけれど、低めに制球できない投手がいるとします。低めに投げる感覚を覚えさせるために、ワンバウンドで投げたり、普通に投げたりを繰り返させるという練習法をとり入れることがあります。それによってコントロールが向上する選手もいれば、そうでない選手もいます。まったくコントロールが向上しなければ、同じやり方に固執せず、すぐに練習方法を変えざるをえません。

なぜなら、時間がないからです。

図3　2014年新人投手年間育成計画（田口選手・平良選手・長江選手）

	投球	守備	チームプレー	打撃
2月	① CB（20 分） ② SP30 ／ P20（隔日） ③中腰 30/P20（隔日） ④遠投～P30～40（5 ～ 6 クール）	①捕球の基本動作 ②送球の基本動作 ③ターン・ステップ ④スナップスロー ⑤ハンドリング・反射捕球	①各塁送球 ②ベースカバー ③バックアップ ④バントシフト・牽制 ⑤投内連係	①TEE（ロングTEE）（普通･広げ･上げ･逆） ②バント（殺す） ③バスター（転がす） ④バッティング
3月	① CB（20 分） ② P50（隔日） ③ P60（隔日） ④ P70（中 2 日）	①捕球の基本動作 ②送球の基本動作 ③ターン・ステップ ④スナップスロー ⑤ハンドリング・反射捕球	①各塁送球 ②ベースカバー ③バックアップ ④バントシフト・牽制 ⑤投内連係	①TEE（ロングTEE）（普通･広げ･上げ･逆） ②バント（殺す） ③バスター（転がす） ④バッティング
4月	①ブルペン週 2 ～ 3 回（80 球まで） ②ブルペン週 2 回（90球まで。中 2 日） ③ FB10 日に 1 回（40 球）	①捕球の基本動作 ②送球の基本動作 ③ターン・ステップ ④スナップスロー ⑤ハンドリング・反射捕球	①各塁送球 ②ベースカバー ③バックアップ ④バントシフト・牽制 ⑤投内連係（野手と）	①TEE（ロングTEE）（普通･広げ･上げ･逆） ②バント（殺す） ③バスター（転がす） ④バッティング
5月	① FB10 日に 1 回（40 ～ 50 球） ②シート打撃（30 ～ 40 球・打者 5 ～ 6 人） ③ P は様子を見ておこなう	①捕球（逆・ショートバウンド） ②いろいろな所からの送球（スナップスロー含む） ③ターン・ステップ（状況に対応する）	①各塁送球 ②ベースカバー ③バックアップ ④バントシフト・牽制 ⑤投内連係（野手と）	①TEE（ロングTEE）（普通･広げ･上げ･逆） ②バント（殺す） ③バスター（転がす） ④バッティング

CB：キャッチボール　　SP：スタンドピッチ
P ：ピッチング　　FB：フリーバッティング

プロ野球選手の平均在籍年数はわずか9年。一般企業に就職した場合、定年まで勤めれば40年くらいでしょうか。最近は転職が珍しくなくなりましたが、それでも社員の平均勤続年数は10年を超えている会社が多いでしょう。

ところが高卒でプロ野球に入ったとして、平均して25歳くらいまでしかいられないのです。高卒の選手は大卒や社会人卒の選手より長い目で育てるといっても、時間は限られています。成果が出ない練習を続けるわけにはいきません。

3年目に10勝した田口麗斗投手

高卒で入団してきた田口麗斗投手に「どんな選手になりたいの?」と聞くと、

「先発ローテーションに入って、二ケタ勝ちたい」

という答えが返ってきました。

この目標を達成するためには、現在地を知らなければなりません。自分の弱点も知らなければなりませんでした。田口投手は、体力がありませんでした。肩のスタミナもありませんでした。本人ももとから多少は自覚していましたが、セルフカウンセリングすることによって、より課題が鮮明になったのです。

「体力がないよね、投げるスタミナがないよね。じゃあどうする？」

とわたしは田口投手に問いかけました。その結果、ランニングをほかの選手の倍やる。全体練習が終わってから、キャッチボールをていねいに1時間くらいかけて100～150球投げる。こうした練習を始めたのです。普通のキャッチボールのほかに遠投などを織り交ぜながら肩のスタミナをつけていきました。

田口投手は2年目には3勝、3年目に10勝、4年目には13勝しました。田口投手なら、4年目に二ケタ勝てば成功だと思っていました。ところが1年早い3年目に二ケタ勝利を達成したのです。これは期待以上に伸びたということです。

逆に、この投手は15勝させないといけないと思って指導したにもかかわらず、10勝しかさせられなければ、指導の何が足りなかったかを考える必要があります。

田口投手は2年目の3勝のときには、5回くらいまでしか投げられませんでした。球数が80球を過ぎると一気に力が落ちてしまうのです。だからまた二軍で鍛えてスタミナをつけ、次の3年目にはなんとか完投できるようになり、10勝しました。13勝した4年目には、3完投しています。

田口投手が持っていたのは「一軍で活躍したい」という思いの強さ。それが行動に移す原動力になっていました。わたしは、それをバックアップすればよかっただけです。選択理論的なアプローチをすることによって、自ら考えて行動する選手が出てきたのです。

とはいえ、外的コントロールが根強く残っているのが野球界。田口投手が接する指導者はわたしだけではありません。まわりには外的コントロールがあふれています。時には、自発的にやろうと思ったことにふたをされたり、自由に発言したことを否定されたりといったことが起こったかもしれません。

それでも、田口投手は、こうしたまわりからの圧力を上手に冗談めかしてすり抜ける人間力を持っています。まわりからかわいがってもらえる人柄なのです。田口投手は、外的コントロールを上手に逃れる能力があるから、伸びた面もあるでしょう。

外的コントロールをまともに受けてしまう選手は「もう自分の考えを言わないでお

こう」と心にふたをしてしまいます。そうなると、伸びるものも伸びなくなってしまいます。

想定通りのペースで成長した平良拳太郎投手

計画以上に早く成長した田口選手。一方、平良拳太郎投手は計画通りのペースで伸びていった選手です。

平良投手の課題は、右打者のインコースに制球できないことでした。左打者には思いきって投げられたのですが、右打者には遠慮したのでしょう。「当てたらどうしよう」と思ってしまっていたようです。平良投手は沖縄出身。沖縄の選手は心やさしいタイプが多いのです。

右打者のアウトコースにはコントロールよく投げられました。ただ、アウトコースばかりでは、プロの打者は抑えられません。インコースに投げてこないと思えば、踏みこんできます。打ちとるためにはインコースに投げるコントロールと度胸が必要なのです。

そこで、右打者のインコースに投げる練習を繰り返しました。わたしがバッターボックスに立って、グラブをインコースの位置にかまえ、「ここに投げろ」という練習です。

続けているうちにだんだんと練習ではインコースに投げられるようになっていきましたが、いざ試合で投げるとなると遠慮してしまったり、コースが甘くなったりしていました。

「自分自身で克服しないといけないよ。克服できるのは自分だけだよ」

そう話したものです。平良選手は徐々にこの課題を克服していきました。

平良投手は3年目に一軍に昇格したものの、がむしゃらに投げすぎて、肘を痛めたことがありました。このときは少しリハビリ期間が必要になりましたが、それ以外は順調でした。

4年目には、フリーエージェント（FA）の人的補償で横浜DeNAベイスターズに移籍。移籍先で1勝し、5年目の2018年は5勝しました。

平良投手はまだまだ伸びる可能性を秘めています。

自然な動作に隠された大きなヒント

プロ野球の投手の投げ方は全員違います。人によって合う投げ方、合わない投げ方があります。

ただ、投球練習を見ていて、肘の位置を少し下げたほうがいいのかな、といったことは考えます。ほんの少しフォームを変えるだけで、パフォーマンスが大きく変わることもあります。

私たちが見るのは投球練習だけではありません。守備練習のときの動作にも注目します。オーバースローで投げる投手の、練習でピッチャーゴロを捕球して、一塁に横から投げるときの動作から、「あれ？　少し横から投げたほうがスムーズに腕を振れるのでは？」というのが見えてくることがあるのです。投球練習では力が入りますが、守備練習のスローイングはリラックスした自然な状態。だからこそ、投げやすい投げ方が見えてくることがあるのです。

あるいは、守備練習でダッシュして捕球した際、上から投げると暴投になってしまうのに、横から投げるとバシッといい球を投げるということもあります。

もちろん本人は気づいていません。オーバースローがよいと思って続けているわけですから。そこは、観察して、見極める力がコーチに問われるのです。

監督のアドバイスによって変わった最たる例が、かつて巨人のエースとして活躍した斎藤雅樹投手でしょう。沢村賞を三度受賞したサイドスローの大投手です。

実は斎藤投手、元々はオーバースローでした。当時の藤田元司監督が「腰の動きが横回転だから、サイドスローにしたらどうだ?」とアドバイスしたのをきっかけにサイドスローに転向し、「平成の大エース」と呼ばれるまでに成長しました。

チームを移籍することで、頭角を現したり、復活したりする選手がいます。これまでのチームではあまり期待されておらず、モチベーションが低下していた選手なら、新しいチームで期待されることがいい方向につながるケースがあるでしょう。気持ちをリセットしてパフォーマンスが上がる選手がいます。

新しく出会った監督やコーチからのアドバイス1つによって、ガラリと変わることもあります。

常に選手のことを観察する

新人は、結果を出さないと一軍に上がれないことをよくわかっています。だから、肘や肩が痛くても、がまんしてしまうのはよくあること。新人が自分から「痛い」とは言いにくいでしょう。

しかし、キャッチボールやアップのときのしぐさを見ていたらわかります。気になる箇所に、ついつい意識がいくからです。

肩が悪い選手は肩をまわしたり、肘が悪い選手は肘を気にして手を当てたりするものです。動作に現れます。

それに気づいてあげるのもコーチの大切な役目です。

キャッチボールのやり方を見て、これは重症だな、あるいは温まってくれば大丈夫だな、と判断することもあります。

コーチは常に選手を見ておかないといけません。練習中、コーチはボーッと立っているわけではないのです。投手コーチなら投手をずっとチェックしています。選手がアップしているときにコーチ同士でペチャクチャしゃべってばかりいては、仕事になりません。アップのときから観察します。


「肘が痛いのか?」

コーチからそう聞かれると、

「大丈夫です!」

と選手はがまんしてしまいがち。そこでわたしは「肘を気にしているな」「肩を気にしているな」ということを察したら、トレーナーにまず聞いてみます。

「あの選手、肘を気にしているけど、マッサージに来た?」

と聞くと、

「選手には言わないでくださいね」

トレーナーは、そう念を押してから話してくれることがあります。わたしがトレーナーから聞いたことをそのまま選手に言ってしまうと、選手はトレーナーに話したことがコーチに筒抜けになっていると思うからです。そうすると、ますます話さなくなってしまいます。トレーナーから聞いたことは、選手に話してもいいか、話さないほうがいいか、判断を誤らないように心がけています。

肩を気にしているようなら、「肩を気にしているけど、どう？　今日投げるのやめるか？」と聞いてみます。肩肘を壊したら投手は終わり。投手ではなくなってしまいます。

１日休ませれば回復するという程度の疲労なら、ムリさせずに休ませます。そこでムリさせて故障につながる可能性があるなら、その日はやめさせたほうがいい。そこはトレーナーと話しあって、勇気をもって、その日は投げるのをやめさせます。

そのときも、トレーナーから聞いたのではなく、自分が様子を見て判断したということでいかなければなりません。肩を気にしてまわしていたら、数えるわけです。それで、「10回くらい肩をまわしていたけど、かなり気になっている状態だろ。そこまで気になっているなら今日はノースローにしよう」。

それでも「大丈夫です」と言う選手もいます。わたしは「大丈夫かもしれないけど、今日は大事をとろう。投げる代わりに走ろう！」と下半身を鍛えさせるのです。

コーチとしては、選手生命を終わらせるようなことはしたくない。しかし、投手は投げないと仕事にならない。そこはコーチとして葛藤します。

とりわけ高卒で入ってきた若手はまだ体ができていません。これから筋力がついて体も大きくなっていく。新人はどうしても張り切る傾向が強く、なおかつ緊張感もあるでしょう。

高校生が自分の父親くらいの年代のコーチに自分から「痛い」と言うのはなかなかできません。そこは、コーチが観察して、気づいてあげて、働きかけてあげるのが大事なのです。

クビの危機を乗り越えた吉武真太郎投手

ホークス時代、球団からクビを宣告された選手を踏みとどまらせたことが二度あります。

1人は吉武真太郎(よしたけしんたろう)投手。戦力外のリストに入っていたのを見たとき、「もう1年待ってください」と球団に言って止めました。

吉武投手はいろいろな球種を投げられて、技術的にもレベルが高い。ところが、それぞれの変化球のキレもスピードもすべてが平均点。これ、というものがなかったのです。

わたしは吉武投手を呼んで、話しました。

「整理対象になっていたけど、1年間猶予をもらったよ。ただ、『吉武イコールこれ』というものがない。全体的な球種を見ると、フォークボールを磨くと生き残れると思うけど、どう思う?」

「じゃ、チャレンジしてみます」

その後、吉武投手はフォークボールばかり練習しました。ところがしっくりこなかったようです。

「お前、スライダーが得意じゃないか。じゃあ、カットボールは投げられないのか?

練習してみたらどうだ」

とわたし。少し練習してみた吉武投手は、

「カットボールのほうがイメージがわきます」

と返してくれました。

当時、中日ドラゴンズに川上憲伸（かわかみけんしん）というエースがいました。川上投手のカットボールはものすごい。まっすぐだと思っていると、ちょっとだけ曲がる。吉武投手も川上投手のようなカットボールを投げられれば、生き残れると思ったのです。

吉武投手は練習を重ねて、カットボールを習得しました。これでもう平均点の投手ではありません。一軍で通用する武器を手に入れたのです。このカットボールを武器に、それから5年くらい活躍しました。

シュートで復活した渡辺正和投手

もう1人は左腕の渡辺正和（わたなべまさかず）投手です。

わたしがホークスのコーチ1年目の1999年、渡辺投手はすでに30代で、この年は一軍登板はありませんでした。ファーム暮らしだったのです。その年、整理対象のリストを見ると、渡辺投手が入っていました。

「え？　渡辺は確か１４０キロの球を投げられるんじゃないですか」

「そうです」

「なんで整理対象なんですか？」

「球種が少ないでしょ」

「１回見せてください」

ファームにいた渡辺投手の投球を見てみました。すると、シュートがよかった。左投手のシュートです。シュートを投げる左投手は少ない。それを見て「これは使える！」と思いました。

翌２０００年、オープン戦で渡辺投手にシュートを投げさせてみたら、明らかに相手打線が嫌がっていました。それでさらに確信が深まりました。

シーズンが始まって、中継ぎで使ったら、シュート一本で抑えられるではありませんか。渡辺投手はここからブレイクしたのです。

１９９９年にクビになるかもしれないというところでとどまって、２０００年からの4年間で200試合以上投げています。入団してから1999年までの7年間にはトータルで53試合しか投げていませんでした。

2人がクビになりそうだったのは、球団側の思いこみが大きな要因の1つ。「これくらいの投手はザラにいる」「球種が少ない」といったものです。

しかし、投手の価値は、球種でもスピードでもありません。大事なのは、打者にとって打ちにくいかどうか。考え方次第で、選手は活躍できるのです。

クセを直して二ケタ勝利した若田部投手

1992年にドラフト1位でホークスに入団した若田部健一（わかたべけんいち）という投手がいました。ブルペンで見ると、その投球は文句のつけどころがありませんでした。素質は一流です。ところがなぜか勝てない。わたしがコーチになった前年の1998年は0勝でした。

わたしは、若田部投手の試合での投球を見て、すぐに勝てない理由がわかりました。若田部投手のクセが相手球団にバレていたのです。打者からも走者からも、球種が丸わかり。なぜなら、投げる球種によって、グラブの角度や形が違っていたのです。

若田部投手は自分でも「もしかしたらクセがバレているのかな……？」と思っていたようです。わたしが見たら、100％わかりました。

若田部投手を呼んで、ビデオを見せながら、「何か気づかないか？」と問いかけました。

「一体、なんですか？」

「今から球種を全部当ててるからな。はいまっすぐ、スライダー、これは牽制、フォーク。なんでかわかるか？　わからないの？　じゃ今から説明するよ。ここのグラブ、親指が斜めになるやろ、これがまっすぐや。平らになっているやろ、これはスライダー。グラブを開いた、フォークや。こくこくと2回うなずいただろ、これ牽制や。お前、クセ直すだけで10勝できるぞ」

クセを直した99年は10勝6敗。翌年からも9勝、6勝、10勝と結果を残しました。

クセを逆手にとるのもプロの技

クセで忘れられないのがホークスの永井智浩（ながいともひろ）投手です。

永井投手はフォークボールを投げるとき、口が尖るのです。ストレートを投げるときは口が横一文字、フォークを投げるときは尖る。思わず笑ってしまいましたが、これだけはどうしようもありませんでした。

意識しているとなんとかなりますが、無意識になると出てしまうのです。

しかし、これも考え方です。クセを逆手にとればいい。まちがったクセをわざとやるのです。わざと口を尖らせて、フォークと見せかけてストレートを投げたり、ほんとうにフォークを投げたりすればいい。余裕のあるときに、打者をだますような表情をしろと言いました。そうすれば、相手は信用しなくなり、簡単には手が出せなくなるからです。

フォークボールはクセが出やすい。人差し指と中指でボールをはさむように握るので、つい力が入ってしまうのです。バッターはそこまで見ています。ランナーは、投手がフォークボールを投げると見抜ければ盗塁しやすい。フォークボールは球速が遅く、ワンバウンドになる可能性が高いからです。

プロの打者なら、球種がわかれば芯に当てられます。今はビデオなどのハイテクを使って投手を徹底的に分析しているからなおさらです。

投手は個人タイトルを狙っていい

コーチとしてうれしいのは、投手が成長したと思う瞬間です。たとえば、初勝利を挙げた、10勝した、タイトルをとったというときです。

わたしは、投手には「個人タイトルを狙っていい」と言っています。

なぜかというと、投手のタイトルはすべてチームの成績に直結しているからです。勝ち星はまさにチームの勝利。セーブも勝ち試合につきます。防御率もチームの勝ちにつながります。

ところが、打者の成績は必ずしもチームの勝ちに直結するわけではありません。首位打者や盗塁王をとったからといって、勝ちに直接つながるわけではないのです。打者が個人タイトルを狙うと、独りよがりになってしまい、チームの勝利が二の次になってしまう恐れがあります。しかし、投手は個人タイトルを狙うことがチームのためになるのです。こうなると投手の意欲が上がります。

わたしが一軍投手コーチをやっていたとき、投手は個人タイトルを総計70個くらいとっています。

投手の中には、タイトルをとることをモチベーションにしているケースもあるでしょう。タイトルも、とると決めているからとれるのです。

弱点を克服しなければ、次のステップに進めない

だれにでも得手(えて)不得手があります。しかし、試合では、弱点が足かせになりかねません。

たとえばインコースが苦手な打者がいるとします。相手投手からしたら、どんなに長打力がある打者でもインコースに弱点があるとわかっているなら、ここぞというときにインコースに投げればいいわけです。それで高い確率で抑えられるからです。

となると、苦手なインコースを克服しない限り、選手として次のステップには進めないのです。

得意なアウトコースは、放っておいても打てます。とくに意識しなくても、練習すればするほど上達します。

ところが弱点はそうではありません。選手は好きな練習、得意な練習をやりがち。そうなると、いつまで経っても弱点を克服できないのです。

全体練習のとき、いかに自分が必要なポイントを意識するか。さらに個別練習で苦手を克服するか。

「うまくなりたい」

「いい成績を残したい」

選手自身も、そう思っています。しかし、何をやったらいいのかわからないことが多い。ついついやるべき練習より、やりたい練習を優先してしまいます。やりたい練習をやっただけで、自分では「今日も練習した」と満足してしまうのです。それでは成長しません。

やるべき練習をしないとレベルが上がりません。やりたい練習ではなく、やるべき練習と向き合う選手が成長するのです。

伸び悩んでいる選手へのアドバイス

やるべきことをやっていても、伸び悩む時期というのがあるものです。

たとえば、投手がなかなか勝てないとき。「なんで勝てないのかな？」と漠然と考えていては、打開策は見えてきません。勝てない原因を見つけて、改善の手を打たなければなりません。

失点の原因は何か？

それがフォアボールなら、なぜフォアボールが多くなるのか？

フォアボールを減らすにはどうすればいいのか？

こうしたことを突き詰めていくわけです。

フォアボールを減らすために必要なのは、練習内容を変えること。打者が打ちにくい外角低めを狙って投げるのは、投手として必須の技術です。ところが、フォアボールを出してしまうということは、ストライクゾーンに投げられていないことになります。それなら、外角低めを狙うのではなく、変化球をど真ん中に投げる練習をしようと提案するわけです。外角低めを狙うのは、安定してストライクゾーンへ投げられるようになってからの話です。

コントロールがおぼつかないのに、自分はストライクを投げられると勘違いしている選手もいます。そういう選手には、ど真ん中を狙って10球投げて、そのうち何球が狙い通りに行くのかやってみようと持ちかけて、遊び感覚でやらせてみることがあります。その結果、5割しかど真ん中に行かなかったなら、

「練習で5割だとすると、本番ではもっと精度が低くなるんじゃないの？　練習で8割くらいできないといけないんじゃない？」

と話すのです。練習で8割の確率でど真ん中に投げられたら、ゲームになって精度が5割に落ちても、2球投げれば1球はストライクが入るということ。ところが、練習で5割しかど真ん中に投げられないと、ゲームでは3割になって、3球投げて1球入るかどうか。そうなると、カウントが2ボール1ストライクになるわけです。5割なら、1ボール1ストライク。4球投げたら2ボール2ストライク。それなら十分試合で勝負できます。こうしたことを説明するわけです。

練習で5割しかど真ん中に行かなかったら、

「まずはストライクゾーンに投げる練習をしようよ」

と話すのです。10球投げたら10球ストライクゾーンには投げられるという球があれば、フォアボールは必然的に減って、失点が減ります。

それができてから、次に練習するのが低めへの制球。低めなら、打たれてもゴロの確率が高いからです。ランナーを出しても、ダブルプレーで一気に2つアウトをとれる可能性が高まります。


選手には、自分が今どのレベルかを把握させないといけません。大切なのは、どこから手をつければいいか、優先順位を整理させること。そうすれば、練習の仕方が変わります。練習の仕方を変えるだけでも結果が変わります。それが進歩なのです。

自分で決めたことを実行できない人へのアプローチ

選手も人間です。どうしても怠けたい気持ちになってしまうこともあるでしょう。

やらなければいけないとわかっていても、楽してしまう。

そうした選手がいるときは、フィードバックをかけます。

ただ、ここで気をつけるべきは「やるしかないんじゃないの？」とわたしが言ってしまわないこと。口を出してしまうと、選手自身が考えることをじゃましてしまいます。コーチに指摘されたら相手は「はい」と答えるだけです。本人が言えるように持っていかなければなりません。

「3年後の目標はなんだっけ？」

「ローテーションに入って10勝することです」

「そのために、今の段階では何をやるんだっけ？」

「変化球をど真ん中に投げる練習です」

「ほんとうにやっている？　やっていないということは、10勝を望んでいないんじゃないの？」

といったように質問を繰り返していくしかない。意識させ、本人の口から言わせるしかありません。

本人も、目標がぼやけてしまうことがあります。常にフィードバックしなければなりません。

元気とスタミナで勝負した新人時代

野球のユニフォームには、たいてい背番号の上にローマ字で名前が入っています。ところがわたしがヤクルトに入った当時のユニフォームに名前は記されていませんでした。先輩からは「おい、若いの！」「新人！」と、名前で呼んでもらえなかったのです。

わたしがまずたくらんだのは、名前を覚えてもらうこと。そのためにはどうしたらいいのかを考えました。野球の練習のときは声を出します。みんなと同じタイミングで声を出したら目立てません。みんなが声を出しているときは休んで、途切れたときに声を出すようにしました。

すると、「あの元気のいいのはだれや？」という話になるわけです。

次は、長距離走で目立つことにしました。当時、練習の最後に神宮球場の隣にある国立競技場のまわりを10周走るのが恒例でした。

ここは自分の名前を覚えてもらう大チャンスだと思いました。

というのも、わたしはスタミナには自信があったのです。

実はわたし、中学駅伝の和歌山県大会の優勝メンバーです。野球部に所属していましたが、長距離走が得意だったのでかり出されたのです。

ＰＬ学園に入ったときも、体力だけは自信があったのでなんとか練習についていけました。

プロに入って練習初日、国立競技場のまわりでのランニングでわたしは飛ばしに飛ばしてぶっちぎりの1位になりました。

「えらいスタミナのある新人が入ったな」

目論見（もくろみ）通り、そう注目されました。

ところが、2日目からがつらかった。初日に断トツ1位になったがために、2日目以降も1位にならないと「怠けている」と見られてしまうからです。

わたしが入団した年から、ヤクルトの春季キャンプは米国アリゾナ州のユマでおこなわれるようになりました。このユマキャンプのメンバーに絶対に入りたかった。そのためにも、毎日1位で帰ってきました。

するとどうなるでしょうか。

「元気がいい」

「スタミナがある」

というので名前を覚えてもらえるようになったのです。

あるとき、ヘッドコーチの森祇晶（もりまさあき）さんが「おい、お前、元気いいな。おれが受けたる」と声をかけてくれました。森さんは巨人のV9メンバーの捕手で、のちに監督として西武ライオンズの黄金時代を築き上げた人物です。

これまた大チャンスです。わたしが一番自信があった球はシュートでした。シュートは右打者なら体に食いこむように曲がる変化球ですが、わたしの場合はシンカー気味に少し落ちる球筋でした。

「シュートお願いします」

「おう、お前シュートを投げるのか」

横に曲がるイメージだった森さんは、わたしのシュートを捕球しそこねました。

「おい、新人、緊張せんでええぞ」

そう言って、ボールを返してきました。わたしは内心では「いやいや、今のは僕の一番いいボールですよ」と思いながら、「すいません、もう1球お願いします」と大きな声で返事しました。

さすが森さん、2球目は見事な捕球です。

「お前のシュートって落ちるのか？」

「はい」

「いい球やな」

これは新人のわたしにとって自信につながるひと言でした。

結局、わたしはユマキャンプのメンバーに入れてもらえました。新人で2人だけです。元気とスタミナで第一関門クリアです。

大事なのは、どうやってきっかけをつくるか。

ドラフト1位の選手は最初から名前を覚えられています。技術も見てもらえます。

ところがわたしのようにドラフト4位ともなれば、そうはいきません。

どうすれば名前を覚えてもらえるのか？

どうすれば自分の強みを覚えてもらえるのか？

自分で考えなければいけません。自分でアピールしなければいけません。

元気があるでも、スタミナがあるでも、なんでもいいのです。名前を覚えてもらい、興味を持ってもらわなければ、何も始まりません。

大切なのは、自分を売ること。

自分自身できっかけをつくって、あがっていかないといけないのです。

チャンスは向こうからはやって来ない

プロ野球では、毎年2月1日からシーズンに向けたキャンプが始まります。巨人は一軍から三軍まであり、それぞれ別々にキャンプがおこなわれます。

一軍の前半と二軍のキャンプがおこなわれるのは宮崎県。練習している球場は別ですが、同じ県内です。一軍の練習に、二軍の選手が呼ばれることがあります。

それをお手伝いと思って行くか、それともアピールするチャンスだと思って行くか。

これによって差がつきます。

ただ単に手伝いに行っている選手はそれで終わり。

チャンスだと思って行くと、なんとかしてアピールしようとします。

わたしは二軍の選手に「これはチャンスだからね、最大限アピールしてきなさい。手伝いに行くんじゃないぞ」と念を押します。それで力んでしまう選手もいますが。


その前に、日ごろから一軍に呼ばれたときのことを想定して練習すべきです。キャンプでは一軍に呼ばれることがあるとわかっているのですから、準備すべきです。

わたしは、事前に「二軍からピッチャーが4人呼ばれる予定だから、そのメンバーに入りなさい」と二軍の選手たちに伝えます。そこに入るために、まず二軍コーチのわたしにアピールしろということです。一軍の練習に参加するチャンスをつかみとって、一軍でアピールしろということです。


最近は自分からアピールする選手が少ない。見てくれるだろうという受身の姿勢になっています。

チャンスは向こうからやって来ません。「度胸がいいな」でも「このスライダーは通用するな」でもなんでもいい。自分からアピールしてチャンスをつかむしかないのです。

一軍の打者が最良の教科書

今の選手たちはバッティングピッチャーをやっても、バッターに打たせる感覚です。私たちのときは「絶対に打たせるものか」と意気ごんで投げていました。わたしが新人のときは、広岡監督や森コーチが見ているのだから、なんとかアピールしないといけないと思って必死で投げていました。

わたしは、若松さんや大杉さんとバッティングピッチャーとしても対峙しました。わたしはこうした大打者にも思いきって投げました。今みたいに7〜8分の力で投げる意味がわたしにはわかりません。若松さんや大杉さんは嫌だったかもしれませんが、「打ちやすい球を投げろよ」などと野暮なことは一切言いませんでした。こちらの本気に向き合ってくれたのです。

若手投手にとって、一軍の打者と対戦することほどいい機会はありません。一軍のレベルを体感できるからです。甘い球を投げると、ものの見事に打ち返されます。「うわ、一軍の打者はこのへんの球は簡単に打ちよんのか」と実感できるわけです。プロの一流打者は、高校や社会人野球とはレベルが違うのです。

わたしが一軍の投手コーチだったときは、バッティングピッチャーのために二軍からやって来た若手投手に「今日は何しに来たの?」と質問したものです。「お手伝いに来ました」と言おうものなら、「そんな考えで投げるの?」と問いかけました。「対戦したバッターからヒントをもらうように質問しなさい。お土産を持って帰らないともったいないよ」とアドバイスしたものです。

せっかく一流のバッターと対戦できるのですから、「僕の変化球は打ちやすいですか?」「球の出所が見やすいですか?」といったことを聞くべきです。そうしないと自分のためになりません。

投手コーチからのアドバイスよりも、一軍の試合に出ている一流バッターの意見のほうが的を射ていることもあるでしょう。投手にとって、一軍の打者が最良の教科書です。

わたしが現役のころは、自分で盗んで覚えろという雰囲気がありました。先輩に質問しても「はあ?」と返されるのがおち。ところが今の選手たちは後輩の質問にきちんと答えてくれます。

自分が成長するためには、恐れずなんでも聞かなければいけません。クリーンナップを打つ強打者と対戦したのなら、その人たちが自分の球をどう感じたのか聞くことが、成長への確実な一歩になります。

「もう少しゆったり投げたほうがいいかもね」

「変化球のキレが足りないな」

といった先輩たちのアドバイスから学べるのです。

「お前の球、打ちやすいな~」

なんて言われたら、それはショックでしょう。しかし、そこで終わったら成長はありません。

「なんで打ちやすいんですか？」

と食い下がるべきです。

たとえば、投球動作のとき、ボールが頭の後ろに隠れてリリース直前に見えるのと、すぐに見えてしまうのでは、打者の打ちやすさが違うそうです。ほんの一瞬ですが、早く見えると打ちやすい。球の出所が見えにくい投手の典型がソフトバンクの和田毅投手です。

出所を見えにくくするにはどうすればいいのか、一軍の打者やコーチにどんどん質問すべきです。それが成長の材料になるからです。

コラム

プロ野球は勝率で争う

私たちプロ野球選手は勝率で争います。勝率の高いチームが優勝することになりますが、勝率を高めるためには貯金を作る必要があります。

ここで少しマニアックな話をしましょう。貯金を作るためには3失点以内の試合を多く作ることが大切です。4失点以上の試合では貯金はできないのです。

例えば、2017年の巨人軍は3失点以内の試合が85試合あり、63勝20敗2分けで貯金43。それに対して4失点以上の試合は58試合で9勝48敗1分け。借金39で、トータル貯金4つでした。優勝するためには大体25〜30の貯金が必要になります。

日本一になったときの貯金数

	3失点以内のゲーム数			4失点以上のゲーム数			トータル
	ゲーム数	勝－負－分	＋－	ゲーム数	勝－負－分	＋－	
1999年ダイエー	67	55－11－1	貯金44	68	23－43－2	借金22	貯金24
2003年ダイエー	69	58－9－2	貯金49	71	24－46－1	借金22	貯金27
2009年巨人	87	71－9－7	貯金62	55	18－36－1	借金18	貯金44

第5章

選手との信頼関係を構築する

――データに裏づけられたアドバイスを送る

王監督がつないでくれた巨人への道

わたしはホークスのコーチ時代、横浜に家族を残して福岡に単身赴任していました。ホークスのコーチになって7年目の2005年、息子が高校2年生になりました。息子が思春期に入り、難しい年ごろになったこともあって、ホークスを辞めて自宅に戻ろうと決意したのです。

「東京に帰らせてください」

そう王監督に伝えたら、ビックリしていました。わたしの古巣のヤクルトスワローズでは、2006年から古田敦也（ふるたあつや）捕手が現役のまま監督を兼任することになっていました。それで王監督は「古田に呼ばれたか？」「ノムさんに呼ばれたか？」と聞いてきました。そうではないことを説明すると、こう言われました。

「じゃ、読売に行け」

「そう言われても、わたし、行こうにも行けません……」

「わかった、じゃおれが話をつける」

しばらくたったロッテ戦の試合中のことでした。3回くらいだったでしょうか。

「おい尾花、決まったぞ」

王監督が突然声をかけてきました。わたしは「何が決まったのかな？」と思ってグラウンドを見ましたが、何も起こっていません。

「今、何かのプレーがありましたか？」

「違うよ。ジャイアンツだよ」

王監督はふと思い出したのでしょう。わたしは驚きながら「ありがとうございます」とお礼を言いました。

コーチになろうと準備している人がコーチになる

現役を引退したプロ野球選手のうち、監督・コーチになるのはひと握りです。コーチになるのは、現役時代からコーチになることを意識して準備してきた人が多いのではないでしょうか。わたし自身、現役時代から指導者になりたいと考えて、自分なりに学んでいました。

北海道日本ハムファイターズの栗山英樹監督とは、ヤクルトで現役時代をともに過ごしました。栗山監督はコーチ経験なしに日本ハムの監督になって話題になりましたが、解説者時代に指導者になるべく勉強していただろうと思います。

コーチになる人は、親しい監督から引っ張られるパターンも多いでしょう。どの監督も、自分のお気に入りの人材でブレーンを固める傾向があります。コーチになれるかどうかは、監督との信頼関係も大きな要素の1つです。

コーチの役目は「教育」と「配置」

チームスポーツの野球で勝つために必要な要素は、人材・環境・教育・配置、そして監督の采配です。

人材となる選手をとってくることと、環境整備はフロントの役目。

コーチがやるべきことは、教育と配置、そして監督の決断を導くことです。コーチは、監督の決断をサポートしなければなりません。監督が「こうしたい」ということを実現できるように下ごしらえするわけです。コーチは選手と監督の間に立つ中間管理職のような存在です。

教育とは、もちろん選手の育成のこと。とりわけ二軍コーチは選手の育成に果たす役割が大きいポジションです。

強いチームをつくるために、配置も大事なコーチの仕事です。選手が能力を最大限に発揮できる役割を与えるに越したことはありません。

投手なら、先発・中継ぎ・抑えといった役割ごとに求められる力は異なります。適材適所で配置できるかどうかが、チーム力を左右します。

配置には、選手の将来を考えた長期的な視点も必要です。

投手としてプロ野球界に入ったものの、投手としては大成せず、野手に転向して大成功する選手が少なくありません。ヤクルトの雄平（ゆうへい）選手や阪神の糸井嘉男（いといよしお）選手がそうです。

内野手から外野手へコンバートされて成功した選手もたくさんいます。

オリックスにいた田口壮（たぐちそう）選手のポジションは元々はショートでした。

足が速くて肩も強いからと外野にコンバートされたところ、米国のメジャーリーグで活躍するまでの選手に成長したのです。

データを使って信頼を得る

選手とは、信頼関係が不可欠です。とはいえ、選手との信頼関係の築き方は、コーチの持ち味によってさまざまでしょう。

わたしの場合はデータが好きなので、数字を使ってコミュニケーションをとることが多い。きちんと裏づけのあるアドバイスを送ることが、選手からの信頼につながると考えています。

データはすべて自分で手書きでまとめます。スコアラー任せにはしません。

なぜかというと、試合中にピッチャーマウンドに行ったとき、数字が頭に入っていないと投手に的確な指示を出せないからです。

もしくはキャッチャーから「このバッターはどうでしたかね？」と聞かれたとき、即座に答えられないからです。

自分の頭に叩きこむためにも、自分でデータをまとめるようにしています。

わたしがつくっているのがどんなデータかを簡単にご紹介します。

ストライクゾーンを縦３マス×横３マスの９分割にします。そこに、「見逃し・空振り・ファール」「打球の強さＡＢＣ」「ワンストライク目・２ストライク目・３ストライク目」といったことを、自分がわかる印で記入します（２１７ページ図４）。

各チームに一軍の野手は20人くらい。この約20人の野手すべてのデータをつくります。１人の打者について、投手個人との対戦成績に加えて、対右投げ・対左投げでまとめたデータもつくります。

これを試合の次の日にやります。１試合に自分のチームの投手が投げるのは約１５０球、多ければ約２００球。投手個人と左右別のデータをつけるので、２倍の４００球分。これがけっこう時間がかかります。

そのあと、その日に投げる投手の前回対戦データを見ながら、気をつけなければいけないポイントを抽出して球場へ向かっていました。

ファーストストライクをどうやってとるか？

わたしはこのデータを現役時代からつけていました。わたしは、ストレートを投げていれば大丈夫という投手ではなかったからです。なんとかコントロールと緩急でタイミングを崩すというタイプでした。だからこそ、データの裏づけに基づく確信が必要だったのです。確信を持てると、心理的に強気で勝負できます。

指導者になってからは、より一層、選手に伝えるためにはどうしたらいいかと考えるようになりました。

現役時代、ファーストストライクをどうやってとるかに頭を悩ませました。

投手はとにかくワンストライク稼ぎたい。ストライク先行の有利なカウントに持っていきたい。

普通はアウトコースに投げれば見逃しストライクをとれると考えますが、打ってく

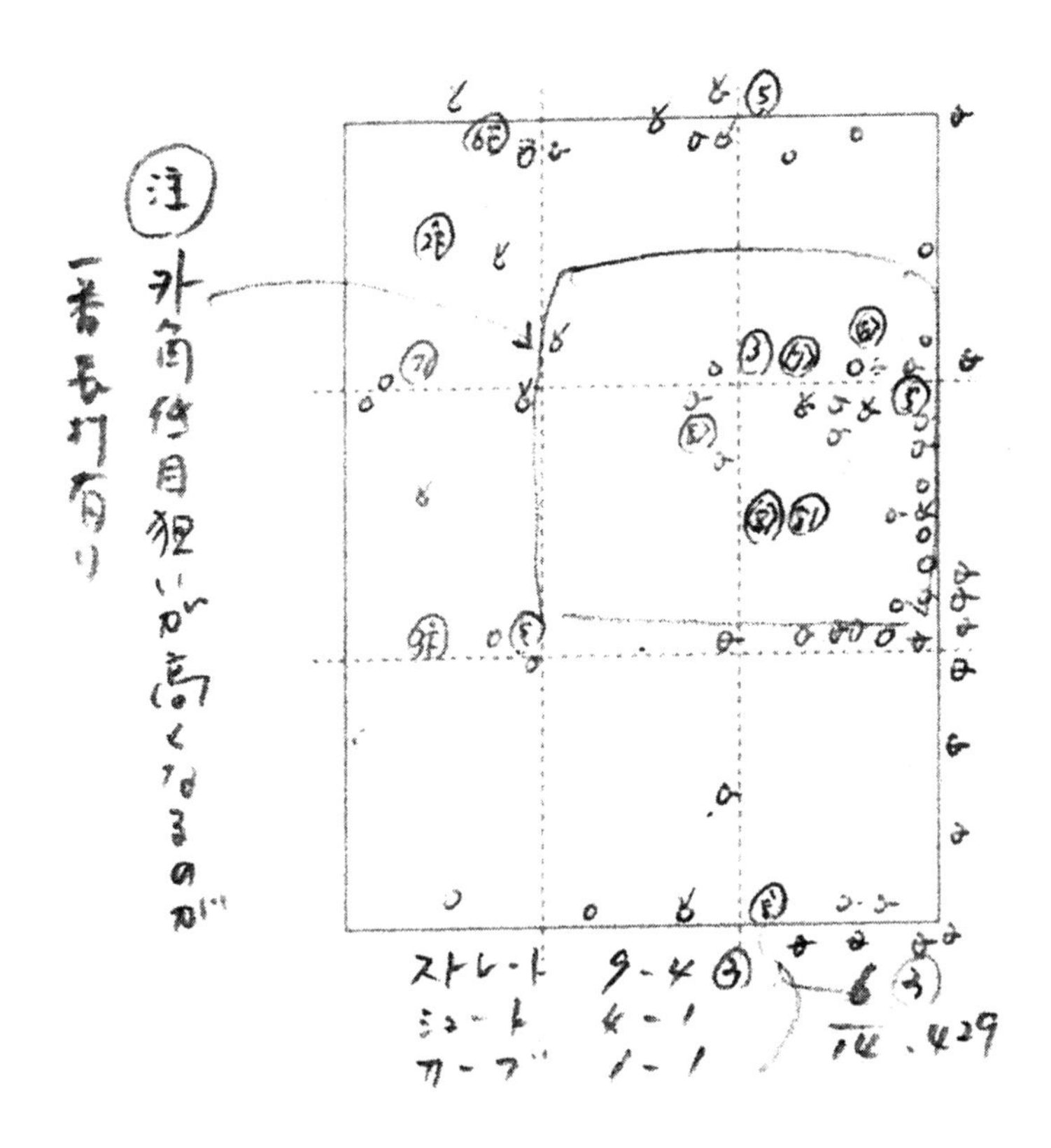

図 4　9マス法のデータ分析（尾花作画）

とある打者の初球成績。色で球種、数字で打たれたボールが飛んだ場所を表す。右下の「.429」は初球の打率を示しており、初球の外角低目がヒットにつながりやすいと分かる。

る打者もいます。どれくらいの確率で打ってくるのだろうか、と思ったのがデータをつける出発点でした。

どこを見逃すのだろうか?

どこに投げれば空振りするのだろうか?

初球から打ってくる確率がどれくらいあるのだろうか?

そういったことを分析していくのです。

データに基づいて、「ここは見逃す」と思って投げた時に、打者がほんとうに見逃したら、さらにデータへの確信が深まります。現役時代、こうした裏づけがあると、安心して投げられました。

打者との駆け引きにデータは不可欠

打者は受身です。投手が投げてきた球を待って、対応するしかありません。細かい駆け引きがあるといっても、打者のほうから投手に働きかけることはできません。

受身である打者は、2ストライクに追いこまれたくない。追いこまれると、ストライクくさい球には手を出さざるをえません。自分でストライクを減らして１ストライクに戻すことはできないのです。自分ではどうしようもありません。

ただ、投手が投げる球がボール先行だと、打者が有利なカウントになります。１ボール０ストライク、２ボール０ストライクなら、打者は球を選べます。「ここに来たときだけ、絶対に逃さないぞ」と狙い球を絞れるわけです。

だから投手はストライクを先行させていかないと、受身のはずの打者に主導権を握られてしまいます。

打者は１ストライクをとられると、追いこまれるのが嫌だと思って少しでも甘ければ打とうとします。そうすると、有効なのがストライクゾーンの真ん中から落ちるボール。打者が「真ん中が来た！」と思って振りにいくと、ボールが落ちて打ち損じるのです。

１ボール０ストライクだと、落ちるボールにバットを止めることができます。心に余裕があるからです。ところが１ストライクになると、２ストライクに追いこまれたくないので、対応せざるをえません。それだけヒットを打つのが難しくなります。

信頼できるデータがあれば、投手が主導権を握れます。それでも打たれたときは、ほとんどが失投です。逆にいえば、コントロールミスさえしなければ、かなりの確度で抑えられるのです。

いい打者ほど、狙い球以外は見逃す

ただ、プロの打者に同じ手は何度も使えません。たとえば、ファーストストライクは振らない打者だからといって、第1球にストライクばかり投げていたら、相手も「ストライクから入ってくるだろう」と読んで一転して打ってきます。時にはボールから入っていくこともやらないといけない。そのときは、1ボール0ストライクからどうやって追いこんでいくか、組み立てなければなりません。

実は、いい打者ほど狙っている球以外を見逃すことが多い。その代わり、甘い球は逃さない。

ストレートを待っていても、スライダーなどの横に変化する球にも対応できるのが一流の打者。フォークボールなどの縦の変化に対応するのは難しいですが、横の変化は一流ならなんとか対応してきます。

右打者がライト方向に狙っているときは、ストレート狙いでスライダーが来ても、右方向に打てます。「ストレートからこういう変化もあるかもしれない」と頭の中で備えているのです。それで対応できるのが一流です。一流の打者はいくつもの対応の仕方を持っています。

選手のことを批判しなくなった

選手との信頼関係を大切にしていたといっても、選択理論を学ぶ前までのわたしは、選手を批判していました。

これは何もわたしだけのことではありません。野球界では当たり前のようにコーチが選手を批判しています。批判することが選手のためになると思っているのです。

しかし、選択理論を学んでから、わたしは変わりました。

批判しようとする感情を抑えるようになったのです。

少し語気が強くなってしまうときでも、「どうしたらよくなると思う?」と、未来質問をするように意識しています。責めるのとはまったく違うアプローチです。「人間関係を破壊する7つの習慣」をなるべく使わないように意識します。ただ、強いフィードバックはかけます。強い提案です。これは外的コントロールにはあたらないからです。

外的コントロールにならないように常に意識していないと、ついつい相手を責めてしまいます。そうならないように、いつも冷静でなければなりません。

選択理論を学んでからというもの、相手の願望や言葉に対して、一喜一憂しなくなりました。怒らなくなりました。訓練すれば、そうしたことはできるようになります。相手の考えに対して、「そういう考えもあるよね」「なるほどね」と思うこともあれば、「それは違うだろ」「何を言っているんだ」と思うこともあります。そんなとき、かつての自分だったら「この野郎!」と思っていたのが、「そういう考えもあるんだ」と解釈を変えることができるようになったのです。

とりあえず「なるほど」と言う

頭に血が上りそうなとき、簡単な対処法があります。それは、相手の意見を聞いたとき、「なるほど」と言うことです。たとえ相手の意見にとうてい同意できなくても、「なるほど」と言うのです。これがいいクッションになります。怒りを抑えられるのです。

自分の考えを頭ごなしに押しつけるのではなく、「なるほど、そういう考えもあるよね」と言うのを習慣化してしまうのです。

「なるほど」という言葉には承認の意味が含まれています。相手が「聞いてもらえた」と受け止めてくれるのです。

コーチと若手選手という立場では、相手がわたしに怒ることはまずありません。立場上、選手はコーチを怒ることなどできません。ましてやわたしは選手の父親くらいの年齢です。だからこそ、意識して選手の声に耳を傾けて、相手の考えを引き出さなければなりません。わたしの考えを押しつければ、納得しなくても「わかりました」と言うに決まっています。相手に理解してもらうためにも、

「こういう考えもあるけど、どう思う?」

という方向に持っていくのです。

こうした言葉がけをしながら対話していくと、怒りをストレートに出さなくてすみます。選手との信頼関係も深まるのではないでしょうか。

個人が成長したからといってチームでの位置づけが上がるとは限らない

粘り強く指導しても、なかなか変わろうとしない選手もいます。

そうした選手を手放すのは簡単です。しかし、何かあるのです。どこかにやらない理由があるはずです。それを聞いていかないと始まりません。コーチとして預かった選手である以上、簡単に手放すわけにはいかないのです。なんとかなるという思いで最後までかかわります。

ただ、プロスポーツのコーチとして、全員が全員に均等にかかわることはできませ

ん。時間は限られているからです。ある程度、優先順位をつけざるをえません。もし、本人にやる気がないのなら、その選手にかかわる時間でほかの選手にかかわったほうがいい。しかし、最後まで粘ることは粘ります。

難しいのは、個人が成長したからといって、チーム内での序列が上がるとは限らないこと。プロの世界は競争です。野球なら、スターティングメンバーは9人。投手なら先発ローテーションに入る人数には限りがあります。そこに入るためには、他の選手との比較で上位につく必要があります。たとえ選手個人が成長したとしても、ライバル選手がもっと伸びていれば、相対的に評価は低くならざるをえません。

それでも、コーチとして少なくとも個人としての成長は認めないといけない。そこから先は、ほかの選手との競争や比較になります。

たとえば、16番目くらいだった選手が14番目くらいにまで順位を上げたものの、12番目までしか一軍に上がれないケースがあるとします。わたしは、選手がそこからさらに伸びるようにかかわりますが、選手の年齢との兼ね合いもあります。一軍に上がれないまま年齢とともに辞めていかざるをえない選手もいます。

一方で、コーチとして考えなければならないのは、選手個人だけでなく、チーム全体の底上げ。二軍の選手たちに「成長しよう」「12番目までに入ろう」という気運が高まれば、チーム全体の力が押し上げられていきます。

高いレベルで競争すればするほど、全体の戦力が高くなるのです。

A球団なら一軍の先発ローテーションに入れる選手が、うちの球団では入れない。そうなればレベルは高い。いつもそういう状態にしておければ、チーム力は格段にアップします。一軍の選手が不調になったとき、二軍の選手に代えてもあまり遜色がないのが理想です。

先発ローテーション6人を決めると、5番手と6番手がその前の4人に比べてガクッと力が落ちるというケースがあります。

しかし、6番手もあまり力が落ちないようにするのが理想的。相手チームも、先発ローテーションの5番手、6番手の投手は力が落ちます。5番手、6番手同士の対戦で勝てれば、チームの成績が上向くのです。

「コーチが嫌だから野球をやめる」をなくしたい

今、わたしが最も心配しているのは、日本の少年野球人口が減っていること。年間1万5000人くらいのペースで減っています。

野球人口が減っている理由はいくつかあります。そもそも少子化の影響が大きい。都会では遊ぶ場所がないので、放課後に野球遊びしている小学生を目にする機会がめっきり減りました。それでも、地元の野球チームに入る小学生はまだたくさんいます。

わたしが最も危惧しているのは、野球が好きなのに、監督やコーチとのかかわりが嫌だからやめてしまう子どもがいること。わたしの知り合いのお子さんもそうでした。それだけはやめてもらいたい。

もちろんチームによりますが、少年野球の指導に外的コントロールを使っているケースが多いのです。言葉責めです。子どものミスを責めまくるのです。

子どもは知らなくて当たり前。

できなくて当たり前。

できないことを怒るのではなく、きちんと教えてあげることが先でしょう。

野球は最も難しいスポーツ

わたしは、スポーツの中で最も難しいのが野球だと思っています。

野球選手には運動能力が極めて高い人が多い。野球をやめて、ほかのスポーツに転向して第一線で活躍している人は少なくありません。有名なところでは、プロゴルファーとして一時代を築いたジャンボ尾崎こと尾崎将司選手は、元プロ野球選手です。

2018年の甲子園で一躍注目されて、ドラフト1位で中日に入団した根尾昂(ねおあきら)選手は、国際大会に出場したほどのスキーの腕前です。

野球が上手な人は、ほかのスポーツもできることが多いのです。

しかし、逆は難しい。たとえば中学までほかのスポーツをやっていて、高校から野球を始めて甲子園に出場した選手というのはほとんどいないでしょう。

それくらい野球は難しいスポーツです。

この難しい野球をできる能力の高い人が、外的コントロールが嫌でやめてしまうという事態だけはなくしたい。コーチのしごきが嫌で、野球からほかのスポーツに行ってしまうのは、ほんとうにもったいないことです。

横浜ＤｅＮＡベイスターズの筒香嘉智（つつごうよしとも）選手は、子どもたちが楽しんで野球できる環境づくりを訴えつづけています。筒香選手も子どものころ、外的コントロールを受けていたはずです。筒香選手が野球に嫌気が差してやめてしまっていたら、今ごろラグビーの日本代表にでもなっていたかもしれません。

日本の野球のレベルを維持していくために、能力のある子どもを外的コントロールでやめさせないでほしいのです。

ただ、ここに難しい問題があります。子どもたちを教えている少年野球の監督・コーチはほとんどの方がボランティアであることです。

監督・コーチには、もちろん子どもたちをおとしめようという悪意があるわけではありません。むしろ、「チームを強くしたい」「子どもたちにうまくなってほしい」という善意でかかわっていると思います。

同時に、「ボランティアでやってあげている」という意識で指導されているでしょう。だからこそ、子どもたちが言うことをきかないと、つい外的コントロールを使ってしまうのです。

わたしは、監督・コーチに報酬を払えばいいと思います。そうすることで責任も生まれます。一方的ではない、きちんとした指導もできると思います。

もちろん、野球人口が減っているのは監督・コーチだけの責任ではありません。それでも、少なくとも指導者が嫌だから野球をやめる、ということだけは避けてほしいと思っています。

子どもたちとどうかかわればいいのか。どういうふうに力を引き出せばいいのか。指導者の方にはぜひ学んでほしいと思っています。

子どもを認めてあげてほしい

野球はミスが多いスポーツです。野手なら、エラーすればだれの目にもすぐにミスだとわかります。打者の空振りや、投手のフォアボールも、わかりやすい技術的なミスです。

人間ですから、ミスするのは仕方がない。それをとり返すようにどうかかわってあげるか。ミスしないようにではなくて、ミスしたときにどういうふうにかかわってあげるか。次にどう活かすか。そのミスを活かして、どうしたらうまくなれるのか。子どもたちとかかわるときは、こうした視点が必要です。

子どもはできないのが当たり前。それなのに「なんでできないんだ！」と怒るのは、どうかと思います。

子どもに対して熱くなる親もいます。子どものうちは、「楽しくやってきな」とただ送りだせばいい。うまくなりたくなったら、子どもは自分で考えます。ガミガミ言われたら、嫌になってしまいます。コーチに怒られて、家に帰ってきてまた「なんでできないんだ」と親に言われたら、自己概念が下がりっぱなしです。

言われっぱなしでは、「またなんか言われるかな……」とモチベーションが上がりません。

子どもたちを指導するときは一緒に楽しんで、一緒に喜んで、がんばりを認めてあげればいい。肯定的な言葉をシャワーのようにたくさん浴びせてほしい。

「おお、今のうまいぞ！」

「いいプレーだね！」

でいいんです。子どもは認められるとうれしくなります。

もっとうまくなりたいと思うようになってくれれば、自分から質問してくるようになります。それに答えてあげるようなかかわりをしてほしいと思っています。

終わりに——わたしは、もしかするとこの世に生を享けなかったかもしれません。

わたしは4人兄弟です。一番上は8つ離れた兄、6つと4つ上の姉たちもいます。貧しかったことから、両親は子どもは3人で終わりにするつもりでした。

わたしの実家は高野山の麓。かつては白装束に身を包んで、お布施をもらいながら高野山に登っていく巡礼が盛んでした。

わたしの両親も、巡礼の方たちにお金は渡せませんが、家でとれたお米や野菜をお布施として渡していました。

あるとき、大きな巡礼団が来たそうです。その巡礼団に、わたしの母がお布施を渡したときのこと。

「お腹にお子さんがいらっしゃいますね？　男の子です。名前を高夫か○○とつけると幸せな子になりますよ」

巡礼団のリーダーが、母に唐突にそう話しかけたそうです。このとき母は自分が妊娠していることを知りませんでした。

両親によれば、そのとき巡礼団のリーダーは名前を2つ言ったらしい。高夫か○○と言ったそうですが、もう1つのほうは漢字が難しかったからか、両親は覚えていませんでした。そう、高夫の高は、高野山にちなんだ高です。

しばらくして母親がえずくようになりました。巡礼のリーダーが言った通り、ほんとうに妊娠していたのです。夫婦で相談して、おろそうかという話にいったんはなったそうです。これ以上子どもが増えると生活できないからです。

ところが母が巡礼団のリーダーの話を思い出して、「仏様に仕える方が言ったことをむげにはできない」と、産んでくれることになりました。それでわたしがこの世に生を享けたのです。

ありがたいことに、わたしは高野山を開いた弘法大師のおかげで生まれることができたというわけです。

学費が高いPL学園にわたしが進めたのは、兄や姉と年が離れていたからです。8歳上の兄はすでに社会人。すぐ上の姉も4歳違い。兄や姉の学費がかからなくなったため、なんとかPL学園の学費を払えたのです。

わたしは中学まで軟式野球の無名選手でした。
高校はPL学園ですが、甲子園には行っていません。
社会人野球時代、まわりはだれもわたしがプロに行けるとは思っていませんでした。
それでもプロ野球選手の夢をあきらめなかったのは、親孝行したかったからです。

たとえ素質が二流でも、あきらめないでください。
あきらめた時点ですべてが終わります。

「考え方」と「行動」を変えれば、必ず一流のパフォーマンスを発揮できます。
ましてや素質が一流なら、超一流になれるのです。
これは、スポーツでも、仕事でも、まったく同じです。

本書では、わたしがこれまで経験したこと、考えたことを記しました。
しかし、わたし自身、今も成長途中です。
学んでいる最中です。
もっと成長して、若い人たちの力をもっと伸ばせる存在になりたい。
そう思って今も学んでいます。

アチーブメント株式会社の青木社長および重富さんには書籍発行の機会を頂き、大変感謝しております。書籍の編集にあたっては、國木さんと山口さんにご協力いただきました。
本書を手にとってくださったみなさんと、これからも一緒に学んでいきたいと思っています。

【著者プロフィール】
尾花 高夫（おばな・たかお）
1957年和歌山県生まれ。PL学園高等学校出身。新日本製鐵堺硬式野球部を経て、1977年ドラフト4位でヤクルトスワローズ入りし、チームのエースとして1989年には通算100勝をあげた。1995年には千葉ロッテマリーンズの一軍投手コーチとなる。1996年には野村克也監督のもとヤクルト一軍投手コーチに就任し、1997年の日本一に貢献した。1999年王貞治監督に誘われて福岡ダイエーホークス（現福岡ソフトバンクホークス）一軍投手コーチに就任。チームは3度のリーグ優勝、2度の日本一に輝いた。退団後の2006年、読売ジャイアンツの一軍投手総合コーチに就任。リーグ3連覇に貢献した。2010年に横浜ベイスターズ監督に就任した。2013年より巨人の二軍コーチに就任。イースタンリーグ優勝に貢献し、2016年より一軍コーチに就任。2019年から明桜高等学校野球部総監督兼投手コーチとなる。

【参考文献】

デニス・ウェイトリー著　加藤諦三訳『新約・成功の心理学』ダイヤモンド社　2012.4
リチャード・コッチ著　仁平和夫・高遠裕子訳『新版　人生を変える80対20の法則』CCCメディアハウス　2011.8

部下がみるみる成果をつくりだす
一流を育てる方程式

2019年（令和元年）6月3日　第1刷発行
2019年（令和元年）8月17日　第2刷発行

著　者——尾花高夫
発行者——青木仁志
発行所——アチーブメント株式会社
〒135-0063　東京都江東区有明3-7-18
有明セントラルタワー19F
TEL 03-6858-0311（代）／ FAX 03-6858-3781
https://achievement.co.jp

発売所——アチーブメント出版株式会社
〒141-0031　東京都品川区西五反田2-19-2
荒久ビル4F
TEL 03-5719-5503 ／ FAX 03-5719-5513
http://www.achibook.co.jp

Twitter　@achibook
Facebook　https://www.facebook.com/achibook
Instagram　achievementpublishing

装　丁————山之口正和（tobufune）
本文DTP——キヅキブックス
校　正————株式会社ぷれす
編集協力———山口慎治
写真提供：読売巨人軍

印刷・製本——株式会社光邦

　ISBN 978-4-86643-048-5